中國遠征軍系列叢書

叢書主編◎周惠民

中國遠征軍滇緬路之作戰

張鑄勳 主編

政大人文中心

政大出版社
Chengchi University Press

國家圖書館出版品預行編目(CIP)資料

中國遠征軍滇緬路之作戰 / 張鑄勳, 王懷慶, 藤井元博
著; 張鑄勳主編. -- 初版. --臺北市: 國立政治大學政大
出版社, 國立政治大學人文中心出版: 國立政治大學發
行, 2022.12
　　面;　　公分. -- (中國遠征軍系列叢書)
ISBN　978-626-97015-3-7 (平裝)

1.CST: 第二次世界大戰　2.CST: 中日戰爭　3.CST: 戰史

628.58　　　　　　　　　　　　　　　111022254

中國遠征軍系列叢書

中國遠征軍滇緬路之作戰

主　　　編｜張鑄勳
著　者｜張鑄勳、王懷慶、藤井元博

發 行 人　李蔡彥
發 行 所　國立政治大學
出 版 者　國立政治大學政大出版社
合作出版　國立政治大學人文中心
執行編輯　朱星芸、蕭淑慧
封面設計　蘇海、談明軒
地　　址　116011臺北市文山區指南路二段64號
電　　話　886-2-82375671
傳　　真　886-2-82375663
網　　址　http://nccupress.nccu.edu.tw

經　　銷　元照出版公司
地　　址　100007臺北市中正區館前路28號7樓
網　　址　http://www.angle.com.tw
電　　話　886-2-23756688
傳　　真　886-2-23318496
戶　　名　元照出版有限公司
郵撥帳號　19246890

法律顧問　黃旭田律師
電　　話　886-2-23913808

排　　版　弘道實業有限公司
印　　製　鴻柏印刷事業股份有限公司

初版一刷　2022年12月
定　　價　480元
I S B N　9786269701537
G P N　1011102402

政府出版品展售處
• 國家書店松江門市：104472臺北市松江路209號1樓
　電話：886-2-25180207
• 五南文化廣場臺中總店：400002臺中市中山路6號
　電話：886-4-22260330

目　次

叢書序

　　2017 年開始，國立政治大學人文中心便推動中國遠征軍的研究，執行「中國遠征軍與第二次世界大戰研究計畫」。近代以來，中國軍事技術發展滯後，抵禦外侮時經常力不從心。雖然在自強新政時期，李鴻章（1823-1901）等謀國之士不斷主張富國強兵，但積重難返。民國成立之後，政府也力求強化國力，聘用外國軍事顧問與採購武器，但多消耗於內鬥，面對強敵環伺，頗有力不從心之嘆。從 1931 年起，日本即不斷蠶食鯨吞，由東北而華北，半壁河山，都在日本陰影之下。1937 年，國人已忍無可忍，讓無可讓，盧溝橋事變與淞滬會戰向日本宣示抗戰的決心。

　　1941 年底，中國已經獨立抗戰四年，戰火燃燒中國，並無外援可恃，局勢相當緊急。就在此時，太平洋戰爭爆發，日軍揮兵東南亞，壓迫長期盤據當地的大英帝國與尼德蘭。大英帝國日漸窘迫，只得求助於中、美。政府乃決定派遣國軍，出境作戰，這也是近代以來，第一次有中國軍隊在異域與盟邦並肩作戰。幾場重要作戰中，遠征軍英勇表現，改變列強對中國軍隊的刻板印象，中國更成為第二次世界大戰後的五強之一，實至名歸。

　　政府遷臺之後，不斷整理出版第二次世界大戰的文獻檔案，提倡戰史研究，數十年來，成果非凡。但遠征軍的研究相對較為缺乏，原因不一而足：許多將領滯留大陸，評價不易；英、美等國檔案資料解讀困難。七十餘年後，幾番代謝，人事具成古今，而歷史勝跡，且待我輩復臨。

　　政治大學人文中心乃邀請學界俊彥，重新檢視遠征軍相關課題，並從太平洋戰爭乃至第二次世界大戰的角度，微觀與宏觀並進，檢討遠征軍的意義

與影響。其微觀者如仁安羌作戰研究，將 1942 年 4 月 18、19 兩日仁安羌作戰的實況，重新梳理。宏觀者如從英、美、德等國的檔案，觀察中途島海戰以後，太平洋戰區與第二次世界大戰各地戰區的關聯。

　　「中國遠征軍與第二次世界大戰研究計畫」分年依不同進程及步驟實施。第一年，由專家組建團隊，邀請青年學子參與，定期討論，舉辦期初論文研討會，凝聚共識，形成課題，包括：「遠征軍組織與編制」、「兩次入緬作戰行動」、「遠征軍與國際關係」、「緬北反攻影像實錄」等。第二年的期中論文研討，再廣邀學者，博訪周諮。第三年結案研討會之後，才將論文彙整出版。參與研究計畫的青年學者經過長期討論薰陶，也分別從外交、宣傳等角度，發表論文，頗有可採。

　　另一方面，人文中心多方蒐整國內外檔案，包含國史館、國家發展委員會檔案管理局、中央研究院近代史研究所檔案館、中央研究院臺灣史研究所檔案館、中國國民黨文化傳播委員會黨史館、中國第二歷史檔案館、日本國立公文書館亞洲歷史資料中心（国立公文書館アジア歴史資料センター）、英國國家檔案局（The National Archives）、美國國家檔案暨文件署（National Archives and Records Administration）、德國聯邦檔案館（Das Bundesarchiv）等重要檔案館所藏文書。自二次世界大戰結束以來的專刊、論文、報章等也在蒐集之列。此外，許多遠征軍官兵及其家屬也紛紛將所藏相片、文件等提供人文中心以為研究之用，一併統整建置成數位聯合目錄，裨益檢索之便。

　　三年多以來，研究團隊經過數十次的學術討論、三次大型研討會，將研究成果出版成書，分享讀者。計有專書 9 冊、檔案史料彙編 2 冊，集結為「中國遠征軍系列叢書」。付梓之際，特說明本叢書緣起，並祈高明不吝賜教，以補罅漏。

第一章
前言

　　1941 年 12 月 7 日（夏威夷當地時間），日本海軍「聯合艦隊」奇襲珍珠港，陸軍編組「南方軍」入侵東南亞，意圖以軍事手段推動所謂的「大東亞共榮圈」。美、中兩國先後對日宣戰，世界反侵略國家結為同盟，對抗德義日軸心集團，第二次世界大戰擴大為歐亞非三洲融為一體的戰爭。其時，中國從盧溝橋事變爆發，全面對日抗戰已歷 4 年 5 個月。歐洲法國淪亡，只剩英軍對德作戰，德軍進攻蘇聯兵臨莫斯科，嚴冬降臨攻勢受阻，兩軍形成對峙狀態。亞洲的局勢，在日軍全面攻勢下，美軍太平洋艦隊一時失去戰力，東南亞英美一路敗退。中國應英方邀請，派遣部隊支援作戰，為中國遠征軍入緬作戰的時代背景。

　　遠征軍到境外作戰的主要目的，在確保滇緬公路經由仰光（Rangoon）出海的國際通道安全，是當時中國唯一經由海路出口最重要的補給線，並善盡同盟義務，協力英軍確保緬甸。此次作戰為戰區規模的中美英聯盟作戰，區分兩次實施贏得勝利。第一次緬甸作戰從 1942 年春季開始，稱「滇緬路之作戰」。此役中英盟軍互信不足，沒有統一指揮，形成各自為戰，英軍戰敗撤退，轉入印度以保存戰力。遠征軍未能貫徹全程構想，失去戰場主動，分別退回國境雲南及印度蘭伽（Ramgarh）等地換裝整訓。1943 年秋季，遠征軍發動反攻，為第二次緬甸作戰，稱「緬北滇西作戰」。先後分由印緬邊境及滇西發動攻勢，為便於識別兩者任務，從印度反攻緬北的部隊稱中國駐印軍（X 部隊，X Force），在滇西作戰的部隊仍稱中國遠征軍（Y 部隊，Y Force）。兩路部隊統稱遠征軍，分進合擊會師芒友（Mong Yu），打通中印公路。駐印軍並繼續南下，再克臘戍（Lashio）、西保（Hsipaw），與伊洛瓦

底江（Irrawaddy River）方面作戰的英軍在曼德勒（Mandalay）北方的皎邁（Kyaukme）會師，贏得緬甸作戰勝利。中國對緬甸並無領土野心，政治上支持印度及東南亞各民族自決；軍事上聯盟英美擊敗日軍，重開仰光海運，打通滇緬公路的國際通道。遠征軍達成任務後將防務移交英軍，隨即班師回國投入抗日戰爭的主戰場。

　　本書探討 1942 年遠征軍第一次進入緬甸的「滇緬路之作戰」，全書分由三位作者共同完成。相關的章節要點，每位作者均有引言說明及結論綜述，此處僅作簡介。

　　第二章〈代價高昂的聯盟作戰：中國遠征軍第一次緬甸作戰〉，作者王懷慶為中華戰略學會研究員。本章歸納要點說明作戰經過，將曲折的第一次緬甸作戰，做成架構完整、段落分明的整理。對此役兩次典型作戰：新編第 38 師第 113 團在仁安羌（Yenangyaung）擊潰優勢日軍，救出英緬軍第 1 師，被視為傳奇的急襲攻擊；第 200 師固守同古（Taungoo）重挫強敵，日軍譽為能戰之師的防禦戰鬥，都有詳實說明。指揮大軍作戰，處於補給線被截斷下的撤退最難。作戰後期，日軍以奇襲攻占臘戍截斷國軍退路，遠征軍主力攻守並用安全撤離，實為高難度的指揮調度。一般論著較少討論，本章歸納要點，指出遠征軍於日軍強大的機動兵團追擊壓迫下，在極為艱險的撤退戰中，幹部作經驗豐富，指揮掌握確實，冷靜沉著的率部分途撤出戰場；各路官兵戰力強韌紀律嚴明，以激戰對抗追擊，排除圍堵打開退路。遠征軍確為精練善戰的勁旅，遂能掌握主動退出戰場，為第一次緬甸作戰時，戰損不高的主要原因。人員裝備的損失係在撤離戰場以後，於翻越洪荒未闢的野人山系返國途中，受到雨季泥濘叢林無路等阻礙，感染疫疾醫藥短缺，空投糧食給養不足等所致。

　　王懷慶發現遠征軍曾經策劃「曼德勒會戰計畫」，著眼於主動選擇決戰地區，預設口袋陣地，引敵深入實施後退決戰（亦稱後退包圍）。惟史迪威（Joseph W. Stilwell, 1883-1946）違背蔣中正（1887-1975）的手令，未按計畫實施，導致喪失主動，遂為日軍所乘，為第一次緬甸作戰失敗的主要關鍵。這則重要史事罕見探討，成為研究遠征軍作戰史所失落的一頁。誠如探

討第一次世界大戰，不談「史蒂芬會戰計畫」（Schlieffen Plan），不知道德軍何以戰敗。研究第一次緬甸作戰，不提「曼德勒會戰計畫」，不明白遠征軍何以失去勝利。王懷慶的發現另開大軍作戰的視野。

第三章〈再探中國遠征軍仁安羌戰鬥詳報暨第 113 團替英軍解圍〉係編者所論，主在探討遠征軍長年未解的兩件歷史爭議。其一，英軍在緬甸南部戰敗退卻，其英緬軍第 1 師於仁安羌地區被日軍第 33 師團第 214 聯隊截斷退路，彈盡糧絕危急待援。國軍新 38 師第 113 團奉命由英軍指揮前往解圍，團長劉放吾（1899-1994）率部急赴戰場完成作戰準備，策訂計畫下達命令，次晨率部攻擊。此際師長孫立人（1900-1990）星夜趕路，拂曉到達，遂產生此戰由師長或團長指揮的不同看法，爭論迄今未解。戰鬥詳報是輯錄作戰經過的第一手史料，為研究戰史最重要的參考資料之一，本章經由考證仁安羌戰鬥詳報（「第一次燕南羌戰鬪詳報〔自四月十六日至二十一日由燕南羌至貴西〕」）探求真相。其二，英軍的記載偏離史實，仁安羌戰場的中英聯軍指揮官斯利姆（William J. Slim, 1891-1970），難以接受英軍被中國軍隊所救，戰後撰寫回憶錄時歪曲事實，稱中國軍隊一再推遲攻擊，於是英軍自行脫困而出，形塑英軍自行突圍的假象。當時緬甸戰區總司令亞歷山大（Harold Alexander, 1891-1969）的回憶錄，則記載「中國軍隊從未贏得過一次對日作戰」，模糊國軍第 113 團解救英軍 1 個師的事實。以兩人在緬甸作戰時期的指揮職務，所寫的回憶錄當被視為第一手資料，足以掩蓋歷史事實。中英記史的差異必須釐清，孫劉指揮的爭論有待釋疑，不容青史盡成灰。本章蒐整資料印證史實，以軍事理論、作戰準則為依據，檢視部隊實務的可行性。橫看成嶺側成峰，從不同視角驗證史料的可信度，解讀迷離 80 年的往事，還原歷史真相。

第四章〈再思第一次緬甸作戰：日本南方軍的作戰指導與其問題〉，作者為日本防衛省防衛研究所戰史研究中心戰史研究室主任研究官藤井元博。本章歸納日軍進攻緬甸的決策經過、歷次調整及作戰得失。指出日軍第 15 軍進駐泰國的任務，原先只在掩護其南方軍北翼安全，進行後勤任務及維護交通路線完整。由於緬甸南部毛淡棉（Mawlamyine）等地的英軍機

場構成威脅，也考量這些基地可能是日軍爾後作戰所需，所以伺機奪取。日軍攻略緬甸並非初始作戰計畫的藍圖，乃戰事擴大後逐次演變而調整。藤井元博記述日本第15軍先占領仰光，再北上進出緬中，發展為以擊滅中國軍隊為主目標。並繼續向緬北追擊，越境入侵中國滇西的決策形成。說明大本營、南方軍和第15軍的看法未必全然調和，以及精英幕僚的積極策劃，一般幹部士氣高昂和對勝利的期待等。同時也檢討過度擴張的後遺，指出第一次緬甸作戰的勝利，反而種下第二次緬甸作戰失敗的根源。輕快的筆法，簡潔的刻劃，呈現日軍在緬甸作戰的清晰輪廓，也警示戰爭沒有勝利者。

　　以王懷慶和藤井元博兩位的論述相互印證，可以得到比較貼近戰場景況的理解。同古激戰時，戰力優勢的日軍第55師團在國軍第200師的堅強抵抗下傷亡重大。日軍第15軍司令官飯田祥二郎（1888-1980）中將面對此一戰況，先以重砲增援，次日以剛登陸的口軍第56師團急馳戰場，並以搜索聯隊為先遣，機動增援前方。師參謀長通常在指揮所掌握全般狀況，此刻則帶作戰參謀趕到前方，旨在瞭解戰況，預先草擬師的攻擊計畫，待師主力到達戰場，即可依計畫迅速發起攻擊迫敵決戰。把握戰機分秒必爭，深蘊兵貴速決的道理。遠征軍副司令長官兼第5軍軍長杜聿明（1904-1981）中將審視敵情變化，感受到日軍增援重砲射擊，又發現似有不同的偵蒐部隊出現，研判日軍增援兵力即將到達。見微知著下達決心，立刻下令第200師撤退，在日軍主力尚未到達前，乘夜脫離戰場以保存戰力。攻防雙方指揮官的作戰經驗豐富，情勢研判正確，決心與處置明快，堪稱一時瑜亮。英軍棄守仰光後，蔣中正策劃曼德勒會戰，引敵深入500公里，設計後退決戰以殲滅敵軍，係「勝兵先勝而後求戰」的計畫作為。日軍在東南亞所向無敵，青壯將校積極求戰，於是進軍緬甸中部，準備在曼德勒與國軍會戰。中日雙方選擇的會戰地區相同，預見曼德勒附近即將爆發一場決定緬甸戰局的激烈會戰。由於史迪威臨戰改變決戰地區，不按計畫作戰，遂失去戰略主動，在日軍攻勢壓力下被迫退出戰場。幾份記載蔣中正向史迪威說明曼德勒會戰的談話紀錄，視野總攬全局，思慮深遠周密，符合軍事準則，可以做為指揮大軍作戰的實戰教材。蔣中正一生軍旅征戰無數，用兵素養如何並無定論，從這則談

話紀錄所陳述的觀點或可略知一二。王懷慶和藤井元博兩位先生的相互印證
及仁安羌戰鬥詳報的解讀，都增添探討遠征軍作戰的深度與旨趣，豐富了本
書的可讀性。

本系列叢書另冊《中國遠征軍緬北滇西作戰》，為遠征軍第二次進入緬
甸，反攻作戰的專書，作者郭春龍為中華戰略學會資深研究員。此役的參戰
部隊經過武器換裝與長期整訓，完成充分準備再發動攻勢。雖然同盟國家的
利益依舊各自不同，協調折衝仍然意見分歧。惟收復緬甸的戰略目標一致，
卻能汲取過往經驗求得整合。在兵力派遣、部隊編組、任務律定與指揮關係
的劃分堪稱清楚，遂得有效發揮同盟戰力贏得勝利。此次作戰的計畫策訂、
協調事項與作戰經過曲折複雜，郭春龍所論也就不限於軍事。以系統化的整
理，分項歸納要點，包括同盟國的 5 次重要會議與中國相關部分，以及日軍
在印緬戰區的作戰計畫與指導，記述駐印軍反攻緬北及遠征軍收復滇西，期
程約 18 個月的作戰經過。對同盟國的決策分析、戰略優先順序、駐印軍與
遠征軍的作戰與檢討、盟軍特種部隊的運用及日軍崩解潰敗，以及史迪威推
動第二次緬甸作戰的私心自用與對中國所造成的危機等，都提出客觀的評述
與總結，精華盡在其中。

《中國遠征軍滇緬路之作戰》和《中國遠征軍緬北滇西作戰》所提供的
精神食糧，對遠征軍作戰的資料整理與論述，無論宏觀體認或微觀探索，都
可以從沉思頓悟中領受到閱讀的喜悅。

第二章
代價高昂的聯盟作戰：
中國遠征軍第一次緬甸作戰

一、前言

　　1941 年 12 月初，日軍發動太平洋戰爭，同時發動南方作戰，企圖奪取馬來半島與印尼的天然資源。日軍第 15 軍進據泰國，主要任務在掩護新編成的「南方軍」北側翼安全，屬於南方作戰其中一環。第 15 軍進攻緬甸的初始計畫，只在占領緬南的毛淡棉要點及附近機場，防止盟軍轟炸南方軍後方地區及威脅海上運補。續在大本營的規劃下，漸次提升為截斷中國經由緬甸入海的補給線。並隨戰況發展轉移重點，以擊滅入緬作戰的中國軍隊為主要目的。中國於日軍尚在部署階段就逐步加強雲南防務，以防止日軍從滇越邊境入侵，直接威脅四川大後方。戰爭爆發後，蔣中正見日軍取道緬甸，迅即加強滇緬方面的軍事部署，並在英緬軍無力抵擋日軍攻勢的情況下，應邀入緬協助作戰。

　　遠征軍進入緬甸的作戰目的，在確保西南方面從昆明沿滇緬公路到臘戍，經由曼德勒從仰光出海的國際通道，也在善盡聯盟義務支援英軍作戰，並展現抗日決心以爭取盟國信心的積極作為。此次作戰以精銳部隊 3 個軍轄 10 個師，編成「中國遠征軍」（以下稱「遠征軍」）入緬作戰，[1] 包含曾在桂南

---

[1]　此時中國遠征軍原名「中國遠征軍第一路司令長官司令部」，原定第二路用於越南方面，但因爾後情況變化，第二路並未編成。參見杜聿明，〈中國遠征軍入緬對日作戰述略〉，收入中國人民政治協商會議全國委員會文史資料委員會《遠征印緬抗戰》編審組編，《原國民黨將領抗日戰爭親歷記：遠征印緬抗戰》（北京：中國文史出版社，1990年），頁 2。

重創日軍，締造「崑崙關大捷」的第 5 軍，以期獲得戰場最大效益。

　　本章探討遠征軍第一次進軍緬甸，與英美共組聯軍對抗日軍的作戰史，先簡要敘述日軍入侵緬甸的緣由及其作戰計畫，再探討遠征軍在緬甸的作戰經過。列舉的重要作戰階段，包含備戰部署、先遣部隊第 200 師的同古作戰、平滿納（Pyinmana）及曼德勒兩次未執行的會戰、新編第 38 師第 113 團在仁安羌替英軍解圍，以及遠征軍的轉進與退卻等。並依據檔案解析遠征軍曾經策劃「曼德勒會戰」，藉此理解遠征軍第一次緬甸作戰，何以未經決戰就退出戰場的真正原因。以探討戰區作戰為主，未涉及聯盟作戰等政策論題，惟聯盟作戰影響軍事作戰甚具關鍵，亦於結語處列舉要點以見梗概。

二、作戰前一般狀況

　　中日雙方在緬甸作戰的全程構想，都是依照局勢發展而有所調整，稱不上井然有序的按集中、機動、展開，完成部署發動攻勢。遠征軍匆促入緬，區分梯次陸續到達戰場，英、日兩軍已經在緬甸南部發生戰鬥。其間英軍不戰而棄守仰光，遠征軍為因應戰略情勢，作戰構想在仰光失陷前和失陷後不同，兵力部署調整數次。日軍在南方作戰初期，並沒有攻略緬甸的計畫，係在作戰中提升作戰目標而發展形成。中日在作戰前的一般狀況分述如後：

（一）日軍作戰計畫

　　日軍負責攻占緬甸的部隊，是南方作戰發動前兩個月新成立的第 15 軍。成軍之初，第 15 軍主要負責掩護南方軍執行作戰時的北側翼安全，以防中國軍隊來自大陸本土的反攻，以及英、印軍從印度方面的攻勢。[2] 由於

2　日本防衛廳防衛研修所戰史室編，賴德修譯，《大本營陸軍部（二）：南進或北進之抉擇》，日軍對華作戰紀要叢書（20）（臺北：國防部史政編譯局，1989 年），頁 607；日本防衛廳防衛研修所戰史室編，曾清貴譯，《緬甸攻略作戰》，日軍對華作戰紀要叢書（44）（臺北：國防部史政編譯局，1997 年），頁 45。

不是擔任主要作戰任務，第 15 軍編成初期只下轄第 33 師團及第 55 師團，[3]
其中第 55 師團甚至有部分單位被派到南洋地區支援作戰，並不在緬甸戰場。

　　1941 年 11 月初「南方作戰計畫」正式核定，然而大本營卻賦予第 15
軍進一步的任務。認為該軍除掩護南方軍作戰外，必須順勢截斷中國滇緬地
區的國際補給線，並占領緬甸全境，以結合中國派遣軍的作戰。[4] 基於此一
新的任務，第 15 軍進行擴編，將第 18 師團一部分及第 56 師團納入緬甸作
戰序列。[5] 在與南方軍達成共識之後，大本營於 1942 年 1 月 22 日正式下達
占領緬甸全境的作戰命令。[6]

　　依照大本營的命令及作戰任務的主從順序，第 15 軍將緬甸作戰區分為
三個階段。第一階段是占領毛淡棉機場；第二階段是占領仰光；第三階段是
主要作戰，日軍目標是在曼德勒附近殲滅中英聯軍並占領緬甸全境。

　　早在大本營下達占領緬甸全境命令前，第 15 軍第一階段作戰已於 1942
年 1 月 20 日開始，從泰國境內機動並發起攻勢，[7] 並於 31 日攻克毛淡棉機

3　第 15 軍相對於南方軍其他作戰部隊，其編制較少。如負責攻占馬來半島的主力部隊第
　　25 軍，就轄屬了近衛師團、第 5 師團、第 18 師團，外加戰車團及砲兵部隊等；負責
　　攻占印尼的主力部隊第 16 軍，轄屬第 2 師團、第 38 師團、第 48 師團及步兵團、戰車
　　團、砲兵部隊等單位。參見日本防衛廳防衛研修所戰史室編，賴德修譯，《大本營陸軍
　　部（二）：南進或北進之抉擇》，日軍對華作戰紀要叢書（20）（臺北：國防部史政編譯
　　局，1989 年），頁 953-954。

4　第 15 軍作戰要領案明定作戰目的是：「切斷援華路線，並掃除英國於緬甸之勢力，占領
　　及確保緬甸之要域。」參見日本防衛廳防衛研修所戰史室編，曾清貴譯，《緬甸攻略作
　　戰》，日軍對華作戰紀要叢書（44）（臺北：國防部史政編譯局，1997 年），頁 106。

5　日本防衛廳防衛研修所戰史室編，曾清貴譯，《緬甸攻略作戰》，日軍對華作戰紀要叢書
　　（44）（臺北：國防部史政編譯局，1997 年），頁 253-254。

6　日本防衛廳防衛研修所戰史室編，曾清貴譯，《緬甸攻略作戰》，日軍對華作戰紀要叢書
　　（44）（臺北：國防部史政編譯局，1997 年），頁 110。

7　依照日軍「南方作戰計畫」，泰國是攻略南洋必經之路，因此第 15 軍必須在開戰前先行
　　占領泰國。1941 年 12 月 8 日，日軍已完成攻勢展開，泰國卻不待日軍進攻，即率先承
　　諾日軍進駐泰國。日、泰兩軍並於 12 月 13 日簽署「日泰協同作戰要綱」，第一條即律
　　定「駐泰日軍及泰軍，對於在緬甸之敵軍實施協同作戰。」參見日本防衛廳防衛研修所
　　戰史室編，曾清貴譯，《緬甸攻略作戰》，日軍對華作戰紀要叢書（44）（臺北：國防部
　　史政編譯局，1997 年），頁 81-82、93-95。

場，[8] 達成掩護南方軍北側翼安全的目的。2 月 9 日，第 15 軍再次接獲南方軍命令，主要內容為：「第 15 軍司令官應盡可能擊滅敵軍而進入仰光地區，並盡量在北方遠處獲得地盤，以準備向曼德勒及仁安羌附近之作戰」。[9] 第 15 軍司令官飯田祥二郎受命後，於 2 月 27 日擬定第二階段作戰計畫，以第 55 師團在左，第 33 師團在右，經由勃固（Bago）以西地區，攻略仰光並廣領空間，做為向北發動攻勢的基地。[10] 從地理條件看，泰西與緬甸交界處地形起伏大，又有河川形成阻斷，並不適合部隊實施機動。由於日軍進攻緬甸的戰略構想有其先後順序，因而迫使第 15 軍必須由此進入緬甸。如此也造成第 15 軍在攻略緬甸初期，產生較大的戰耗，甚而影響部隊作戰士氣。飯田祥二郎的戰後回憶，就提出日軍從毛淡棉方向進攻仰光時，在錫唐河（Sittaung River）河畔受到山嶺河川的阻隔，使得機甲部隊面臨機動受限的困境。為此，日軍特別將第 33 師團及第 55 師團的編裝改以騾馬替代，但在機動時仍感困難，大部分輜重及補給工具的輸送也無著落。[11] 即使如此，日軍還是分別在 3 月 7 日及 3 月 8 日克服地形困難，占領勃固與仰光，且沒有遭到英軍的抵抗。

　　第三階段作戰於攻陷仰光之後展開，以第 15 軍頒布「曼德勒會戰計畫」為核心，作戰方針如下：

　　軍大致在 5 月底之前，於曼德勒附近（以此為中心，廣泛包括

8　服部卓四郎著，軍事譯粹社編輯室譯，《大東亞戰爭全史（II）》（臺北：軍事譯粹社，1978 年），頁 51。

9　原文為：「第十五軍司令官ハ現作戰ニ引續キ努メテ敵ヲ擊滅シテ蘭貢地方ニ進出シ且成ルベク遠ク地方ニ地步ヲ獲得シテ『マンダレー』及『エナンジョン』附近ニ向フ作戰ヲ準備ベシ。」參見「第 2　南部緬甸作戰／其 2・「シッタン」河畔に向ふ作戰」，〈緬甸作戰經過の概要　昭和 17・6・15〉，《陸軍一般史料》，防衛省防衛研究所藏，JACAR（アジア歷史資料センター），Ref. C14060185200。

10　日本防衛廳防衛研修所戰史室編，曾清貴譯，《緬甸攻略作戰》，日軍對華作戰紀要叢書（44）（臺北：國防部史政編譯局，1997 年），頁 232。

11　日本防衛廳防衛研修所戰史室編，曾清貴譯，《緬甸攻略作戰》，日軍對華作戰紀要叢書（44）（臺北：國防部史政編譯局，1997 年），頁 209、271。

緬甸中部地區）捕捉殲滅中英聯軍主力，繼之從緬甸境內掃蕩殘敵。主攻目標指向中英兩軍中之中國軍，對此把握戰機強行決戰，給予徹底之打擊、封殺其再起之企圖。[12]

　　這份計畫日軍預定的決戰地在曼德勒周邊地區，選定的首要作戰目標並非原駐緬甸的英軍，而是遠征軍。優先擊滅遠征軍的理由，除了延續第二階段戰略目標截斷中國國際補給路線之外，主要是參謀本部認為，此舉將可重大打擊重慶國民政府的續戰意志，[13]盡早結束中國戰場。選擇曼德勒的理由，則在於當時對遠征軍狀況的判斷。根據日軍所獲情報顯示，雖然中國與緬甸相鄰，但對遠征軍來說畢竟屬於出境作戰，物資運送比在中國境內相對困難，再加上緬北地形延續西藏高原，山巒起伏交通不便，無論是部隊機動或是補給運輸都將趨於遲緩。因此，研判中英聯軍概約 4 月下旬以後，始能集中兵力於曼德勒至臘戍及八莫（Bhamo）附近之地區。[14]此外，曼德勒地區為緬甸中部的交通中心，利於大軍作戰，兵力調動及後勤支援都便於日軍發揮優勢戰力，並對爾後發展形成有利態勢。

　　為有效捕殲中英聯軍，澈底打擊中國遠征軍，日軍採取截斷遠征軍補給線的方式，編組機動部隊，在東路沿薩爾溫江（Salween River）快速北上。飯田司令官的作戰指導是：「於曼德勒會戰時，重點置於右翼〔攻擊方向為前方，以此區分左右〕，首先迅速廣泛深入切斷敵之退路及汽車道路，形成大包圍圈，並分隔敵人，到處擊滅掃蕩敵軍，善加配合地形之利，徹底予

12　原文為：「軍ハ英蔣聯合軍主力ヲ概ネ五月末迄ニ『マン』附近（「マンダレー」ヲ中心トスル中部緬甸地方ヲ廣ク包括ス）ニ捕捉殲滅シ次デ殘敵ヲ緬甸領內ヨリ掃蕩ス主攻擊ハ英蔣兩軍ノ內蔣軍ニ指向シ之ニ對シテハ戰機ヲ構成捕捉シテ決戰ヲ強要シ特ニ徹底セル打擊ヲ與ヘ再起ノ企圖ヲ完封 。」參見「第 3　北部緬甸作戰／其 1・作戰計画ノ策定」，〈緬甸作戰経過の概要　昭和 17・6・15〉，《陸軍一般史料》，防衛省防衛研究所藏，JACAR（アジア歴史資料センター），Ref. C14060185500。
13　日本防衛廳防衛研修所戰史室編著，曾清貴譯，《緬甸攻略作戰》，日軍對華作戰紀要叢書（44）（臺北：國防部史政編譯局，1997 年），頁 259。
14　日本防衛廳防衛研修所戰史室編著，曾清貴譯，《緬甸攻略作戰》，日軍對華作戰紀要叢書（44）（臺北：國防部史政編譯局，1997 年），頁 234。

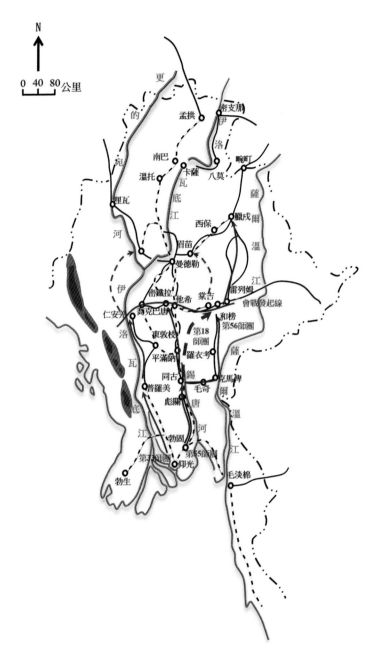

圖 1：日軍第 15 軍曼德勒會戰計畫示意圖

資料來源：王懷慶製，改繪自日本防衛廳防衛研修所戰史室編著，曾清貴譯，《緬甸攻略作戰》，日軍對華作戰紀要叢書（44）（臺北：國防部史政編譯局，1997 年），頁 268。

以殲滅之。」[15] 基於上項作戰指導，第 15 軍區分三路攻勢部隊（圖 1），說明如次：以仁安羌、密鐵拉（Meiktila）及棠吉（Taunggyi）一線為會戰發起線。中路由第 55 師團負責，於 3 月中旬先行出發，並於 4 月上旬前，以第 55 師團沿仰光至曼德勒道路進入密鐵拉附近，掩護第 15 軍主力完成集中。右路第 18 師團一部於登陸後，經由棠吉攻擊曼德勒東北方。左路以第 33 師團沿伊洛瓦底江一線採取攻勢，並在 4 月中旬以前殲滅仁安羌的英緬軍，以創造會戰有利態勢。第 56 師團擔任東路包圍部隊，於仰光登陸後，迅速密匿北進，經同古向東轉至毛奇（Mawchi），沿羅衣考（Loikaw）到達棠吉，先行占領機場群，再準備向北方或東北方作戰。

（二）遠征軍的備戰部署

1941 年 2 月，中國在英國武官戴尼斯（Lancelot E. Dennys, 1890-1942）的邀請下，派出「中國緬印馬軍事考察團」，對緬甸、印度、馬來亞半島進行考察。[16] 該團在返國後的報告中，建議軍事委員會派遣部隊協防印度，但未引起蔣中正的注意。因為蔣中正的目光聚焦在 1940 年 9 月開始在越南部署的日軍部隊，並認為日軍將有可能由此入侵中國。[17] 即使到了 1941 年 11 月 2 日，離日本開戰前一個月，他仍然告訴英國首相邱吉爾（Winston Churchill, 1874-1965），日軍將從越南入侵中國。[18] 尤其南方作戰主力部隊第 25 軍自 1941 年 7 月起，陸續向越南輸送，使得蔣更加確信自己的判斷。

15　日本防衛廳防衛研修所戰史室編著，曾清貴譯，《緬甸攻略作戰》，日軍對華作戰紀要叢書（44）（臺北：國防部史政編譯局，1997 年），頁 264。

16　杜聿明，〈中國遠征軍入緬對日作戰述略〉，收入中國人民政治協商會議全國委員會文史資料委員會《遠征印緬抗戰》編審組，《原國民黨將領抗日戰爭親歷記：遠征印緬抗戰》（北京：中國文史出版社，1990 年），頁 7-9。

17　秦孝儀主編，《中華民國重要史料初編——對日抗戰時期・第三編：戰時外交（二）》（臺北：中國國民黨中央委員會黨史委員會，1981 年），頁 40。

18　秦孝儀主編，《中華民國重要史料初編——對日抗戰時期・第三編：戰時外交（二）》（臺北：中國國民黨中央委員會黨史委員會，1981 年），頁 185。

基於此，他一方面指示昆明行營主任龍雲（1884-1962）完成破壞道路準
備，[19] 一方面開始調集各地部隊前進滇南。其中包含滇黔邊境第 5 軍及第 6
軍、滇川邊境第 71 軍的 2 個師及新編第 29 師、滇康邊境第 71 軍第 36 師、
滇桂邊境第 54 師、川黔邊境的新 38 師及新 28 師。[20] 1941 年 10 月，蔣中
正判斷日軍將以 6 個師團兵力進攻滇南，因而再增加第 79、第 74、第 94 軍
向滇黔邊境集中，以確保昆明。[21] 此外，為強化滇南的防務，蔣中正令第四
戰區第 31、第 46 軍為入越部隊，伺機向越南境內日軍採取攻勢。[22]

　　此外，國民政府向英國尋求的軍事合作，也是以滇越邊境為中心。1940
年 10 月，中英之間開始談判，蔣中正首先向英國提出以空軍支援滇南作戰
的要求。他認為日軍執行南方作戰的同時，極可能會從越南方向進攻滇南。
若英國能以空軍支援滇南，中國軍隊勢必可以在滇南牽制大部分日軍，使英
軍在新加坡方面形成有利態勢。但英國政府以此舉形同對日本挑釁為由，予
以拒絕。[23] 1941 年 4 月 14 日，蔣中正再次向戴尼斯提出空軍支援的要求；
同年 7 月下旬，軍事委員會辦公廳主任商震（1888-1978）於談判中，再次
要求戴尼斯派遣英國空軍援華作戰。[24] 然而國府多次的要求，全部遭到英方
回絕。

---

19 「蔣中正電龍雲日軍將侵占越南請如期破壞各地道路」（1940 年 9 月 20 日），〈革命文
　　獻─抗戰方略：後方部署〉，《蔣中正總統文物》，國史館藏，數位典藏號：002-020300-
　　00006-034。

20 杜聿明，〈中國遠征軍入緬對日作戰述略〉，收入中國人民政治協商會議全國委員會文
　　史資料委員會《遠征印緬抗戰》編審組，《原國民黨將領抗日戰爭親歷記：遠征印緬
　　抗戰》（北京：中國文史出版社，1990 年），頁 6。

21 徐永昌著，中央研究院近代史研究所編，《徐永昌日記》，第 6 冊（臺北：中央研究院近
　　代史研究所，1991 年），頁 243，1941 年 10 月 26 日。

22 「張發奎呈蔣中正準備對越作戰設立對越策動督導委員會增派部隊經費」（1941 年 10 月
　　4 日），〈革命文獻─抗戰方略：後方部署〉，《蔣中正總統文物》，國史館藏，數位典藏
　　號：002-020300-00006-057。

23 秦孝儀主編，《中華民國重要史料初編──對日抗戰時期・第三編：戰時外交（二）》
　　（臺北：中國國民黨中央委員會黨史委員會，1981 年），頁 40、45。

24 秦孝儀主編，《中華民國重要史料初編──對日抗戰時期・第三編：戰時外交（二）》
　　（臺北：中國國民黨中央委員會黨史委員會，1981 年），頁 164。

　　日軍發動南方作戰後，英日之間正式開戰。但日軍並未從越南方向進取雲南，而是將目標指向緬甸，中英之間也就正式開始軍事合作。在仰光失陷前，遠征軍的備戰部署，以第 5 軍主力配置在仰曼鐵路（仰光至曼德勒）南段，便於機動可攻可守，保持彈性協力英軍作戰。仰光失陷後，中國經由緬甸出海的國際通道中斷，蔣中正認為主力過度向南推進已無意義，遂調整於緬甸中部的曼德勒地區實施會戰。茲將遠征軍在仰光失陷前後的戰略構想及兵力部署說明如次。

1、仰光失陷前

　　南方作戰開始後兩日的 1941 年 12 月 10 日，英國開始注意到緬甸的危機，戴尼斯一改之前態度，主動請求國軍入緬作戰。[25] 同日，軍令部駐昆明參謀次長林蔚（1889-1955）也建議蔣中正應迅速調動雲南境內部隊入緬，以確保緬甸安全。[26] 囿於情勢的發展，蔣中正於 12 月 11 日同意將第 6 軍第 93 師開往滇緬邊境車里，並向泰緬邊境猛楊（Mong Yawan）前進，另以第 49 師 1 個加強團開往緬北邊境畹町。[27] 16 日，又令第 5、第 6 軍主力向滇西邊境集結，準備入緬協力英軍作戰。[28] 然而，當第 5、第 6 兩軍主力整裝待發時，英國印度軍總司令魏菲爾（Archibald P. Wavell, 1883-1950）卻表示，已由印度調派部隊支援緬甸作戰，因此除第 93 師及第 49 師已進入緬境

25 「蔣中正與戴尼斯談話紀錄：其代表英國政府請求中國派遣軍隊入緬協防等」（1941 年 12 月 10 日），〈革命文獻—同盟國聯合作戰：重要協商（一）〉，《蔣中正總統文物》，國史館藏，數位典藏號：002-020300-00016-008。

26 「林蔚電蔣中正請移滇境軍隊入緬泰協助英軍對日軍作戰」（1941 年 12 月 10 日），〈一般資料—民國三十年（三）〉，《蔣中正總統文物》，國史館藏，數位典藏號：002-080200-00296-048。

27 秦孝儀主編，《中華民國重要史料初編——對日抗戰時期・第三編：戰時外交（三）》（臺北：中國國民黨中央委員會黨史委員會，1981 年），頁 48-49。

28 杜聿明，〈中國遠征軍入緬對日作戰述略〉，收入中國人民政治協商會議全國委員會文史資料委員會《遠征印緬抗戰》編審組編，《原國民黨將領抗日戰爭親歷記：遠征印緬抗戰》（北京：中國文史出版社，1990 年），頁 12。

的部隊外，其餘國軍主力部隊停止入緬。[29] 對於魏菲爾拒絕中國軍隊入緬的決定，邱吉爾得知後甚為不解，認為基於同盟立場，英緬軍必須立刻接受中國軍隊支援緬甸作戰。[30] 對於邱吉爾的指示，英緬軍總司令胡敦（Thomas J. Hutton, 1890-1981）及英方代表哈蒲生上校，分別於 1942 年 1 月 23 日及 2 月 3 日再次要求國軍入緬作戰。[31] 遠征軍入緬後受英軍指揮，英軍陸續移於緬甸西部，責任區的劃分，概以仰光到曼德勒南北之線的西方主要地形為分界，以東屬遠征軍（含仰曼鐵路），以西由英軍負責，並編為第 1 軍團（軍級單位，轄英緬第 1 師、英印第 17 師及裝甲第 7 旅）擔任伊洛瓦底江方面的作戰。[32] 此時，日軍第 15 軍主力部隊已經突破泰緬邊境，並於 1 月 31 日攻克毛淡棉機場。2 月上旬渡薩爾溫江向西北方向進攻，2 月 17 日下達命令：軍以攻略仰光為目的，以第 33 師團在右，第 55 師團在左，擊滅當面英軍，進入錫唐河畔。日軍在攻擊途中掃蕩所有錫唐河以東英軍約 2 至 3 千，並準備攻略仰光。[33]

雖然受到英軍決策反覆的拖延，蔣中正仍然在 2 月 3 日令第 6 軍進駐泰緬邊境的景東（Kengtung）地區，並歸英緬軍總司令胡敦指揮。[34] 再於 2 月 14 日令第 5 軍按照第 200 師、第 96 師、新 22 師之順序運輸入緬，並在同

29 「蔣中正召集美英澳等國代表舉行第一次聯席軍事會議」（1941 年 12 月 23 日），〈革命文獻—同盟國聯合作戰：重要協商（一）〉，《蔣中正總統文物》，國史館藏，數位典藏號：002-020300-00016-029。

30 邱吉爾（Winston S. Churchill）著，吳萬沈等譯，《第二次世界大戰回憶錄・第四卷：命運的關鍵（1942 年至 1943 年 5 月）》（臺北：左岸文化事業有限公司，2002 年），頁 98。

31 「作戰前之狀況」，〈滇緬路作戰〉，《國防部史政編譯局》，國家發展委員會檔案管理局藏，檔號：B5018230601/0031/152.2/2196.2/001/001/0012。

32 國防部史政編譯局編，《抗日戰史：滇緬路之作戰》（臺北：國防部史政編譯局，1982 年，再版），頁 1、21。

33 日本防衛廳防衛研修所戰史室編著，曾清貴譯，《緬甸攻略作戰》，日軍對華作戰紀要叢書（44）（臺北：國防部史政編譯局，1997 年），頁 197-198。

34 「蔣中正電甘麗初該軍與九十三師四十九師暫五十五師開拔情形」（1942 年 2 月 3 日），〈遠征入緬（一）〉，《蔣中正總統文物》，國史館藏，數位典藏號：002-090105-00006-039。

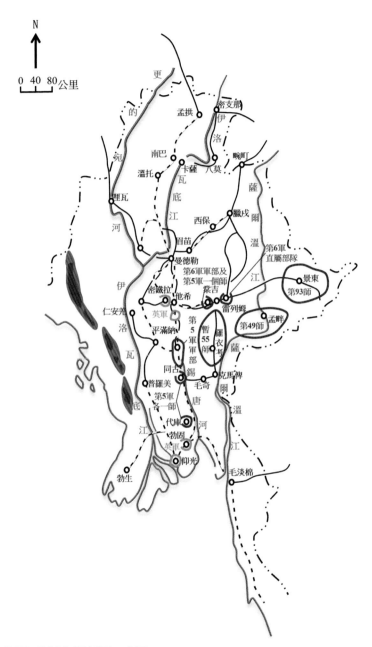

圖2：英軍規劃遠征軍部署示意圖

資料來源：王懷慶製，改繪自「緬甸戰役作戰經過及失敗原因與各部優劣評判報告書第一冊」（1942年9月30日），〈緬甸戰役得失評判（一）〉，《國民政府》，國史館藏，數位典藏號：001-072620-00001-001，插圖第四。

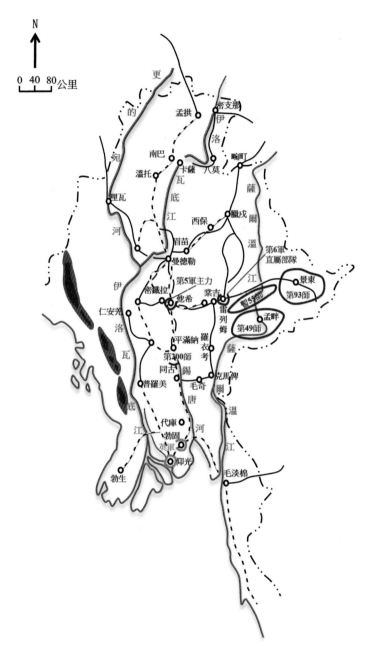

圖 3：修正後遠征軍部署示意圖

資料來源：王懷慶製，改繪自「緬甸戰役作戰經過及失敗原因與各部優劣評判報告書第一冊」（1942 年 9 月 30 日），〈緬甸戰役得失評判（一）〉，《國民政府》，國史館藏，數位典藏號：001-072620-00001-001，插圖第五。

古、仰光間地區集中。[35] 至於遠征軍入緬後的位置，胡敦的部署如圖 2。

　　令第 6 軍甘麗初（1901-1950）以 3 個師為第一線，在泰緬邊境長達 300 餘公里的範圍，以第 93 師位於景東、第 49 師位於孟畔（Mong Pan）、暫 55 師於羅衣考，負責對在泰國境內的日軍擔任第一線警戒任務。另外，第 5 軍則是負責擔任第二道防線，以 1 個師駐防棠吉，擔任第 6 軍的預備隊；另外 2 個師則部署在同古與仰光之間，以填補第 6 軍從羅衣考以西至仰光間的防線空隙。第 5 軍另須掩護從南方撤退而來的英軍安全。胡敦甚至不同意派遣連絡參謀分駐英方師、旅部，以建立聯盟作戰的基本條件，經再三交涉，只允在英緬軍第 1 師派 1 員。[36]

　　對於胡敦的部署，蔣中正深不以為然，認為英軍的處置與精神皆無作戰之誠意。[37] 不僅第 6 軍的兵力過於分散，無法形成持久作戰的有利態勢，這種類似掩護撤退的部署，亦絲毫沒有與日軍決戰的意圖。蔣中正遂進行局部調整如圖 3。

　　第 6 軍同樣對泰緬邊境實施警戒，但預備隊改由軍的建制部隊暫 55 師擔任，集中兵力形成縱深配置，可行強韌抵抗；第 5 軍方面，不再填補第 6 軍防線缺口，配置在中央地區，緬甸交通動脈的仰曼鐵路要點，概在他希（Thazi）南北地區完成集中，以利機動打擊，準備協同英軍迎擊進攻之敵。其第 200 師應於 3 月 1 日開始輸送，先行入緬，在平滿納、同古間地區占領陣地，掩護軍主力集中。至於預備隊方面，另選派第 66 軍擔任，其主力在中緬邊境構築工事，伺機而定。[38] 第 5 軍為戰略預備隊，以集中使用，用於

35　「蔣中正電龍雲林蔚俞飛鵬杜聿明等仰光情況緊張英代表團請派第五軍迅速入緬該軍由十六日開始汽車輸送向畹町集中應於二十日內輸送送畢等情」（1942 年 2 月 14 日），〈遠征入緬（一）〉，《蔣中正總統文物》，國史館藏，數位典藏號：002-090105-00006-038。

36　歸納自「侯騰電何應欽徐永昌五軍以五五師位於羅衣考區四九師於猛畔區九三師於景東區擔任暹羅邊境守備軍等五點部署情形」（1942 年 2 月 24 日），〈遠征入緬（二）〉，《蔣中正總統文物》，國史館藏，數位典藏號：002-090105-00007-251。

37　周美華編，《蔣中正總統檔案：事略稿本》，第 48 冊（臺北：國史館，2011 年），頁 396。

38　歸納自「緬甸戰役作戰經過及失敗原因與各部優劣評判報告書第一冊」（1942 年 9 月 30

決戰。隔日，胡敦回電同意調整部署。

　　蔣中正雖未大幅修正胡敦的兵力部署，但相較於胡敦準備不戰而退的消極思維，蔣則採取較為主動積極的彈性部署。修正後的用兵方案，國軍同樣駐防同古，但不再是填補防線缺口，蔣中正賦予第 5 軍伺機取攻勢與日軍決戰的任務。而第 6 軍的主要任務，除保留原先對泰緬邊境擔任警戒外，增加掩護主力兵團第 5 軍東翼的安全。從遠征軍兵力部署計畫的重新調整，得見蔣中正的戰略構想：若英軍戰敗撤守仰光，而遭日軍隨後追擊，將以攻勢殲滅日軍，光復仰光；若狀況不利，則掩護英軍安全撤退，以確守指揮大軍作戰的主動、攻勢、安全、彈性等原則。

　　綜觀當時緬甸戰場的雙方態勢發展，概略區分為三個作戰正面：中央正面是國軍第 5 軍對上日軍第 55 師團；緬東正面是國軍第 6 軍對上日軍第 56 師團；緬西正面則是英軍對上日軍第 33 師團。盟軍組織系統表如圖 4。

　　蔣中正為確保戰略構想能夠確實執行，於 3 月 1 日親自飛抵臘戍指導遠征軍作戰，同時與魏菲爾進一步協商。隔（2）日，日軍渡過錫唐河，向仰光發起攻擊。蔣中正特別要求魏菲爾，英軍須固守仰光達一星期以上，國軍才有足夠時間完成部署。魏菲爾雖沒有明白表示可以固守仰光多久時間，但卻保證英軍將盡力而為。[39] 3 日，蔣中正召集遠征軍重要幹部，親自面授機宜，預判各種戰略狀況，歸納其要點，認為第 5 軍能否適時完成戰略集中成為首要關鍵。[40] 對遠征軍的作戰指導，係儘速在緬甸集中兵力及避免部署過於分散，待形成戰力優勢再與敵決戰。

日），〈緬甸戰役得失評判（一）〉，《國民政府》，國史館藏，數位典藏號：001-072620-00001-001。

39　周美華編，《蔣中正總統檔案：事略稿本》，第 48 冊（臺北：國史館，2011 年），頁 431-436。

40　蔣中正預判未來四種狀況及處置，參見秦孝儀主編，《中華民國重要史料初編——對日抗戰時期・第二編：作戰經過（三）》（臺北：中國國民黨中央委員會黨史委員會，1981 年），頁 235。

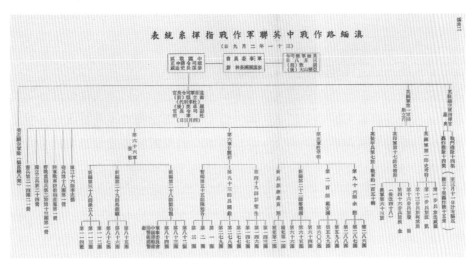

圖4：滇緬路作戰中英聯軍作戰指揮系統表

資料來源：三軍大學戰史編纂委員會編，《國民革命軍戰役史第四部——抗日‧第四冊：後期戰役，日本投降及終戰》（臺北：國防部史政編譯局，1995年），插表二。

2、仰光失陷後

　　魏菲爾雖然一再保證英軍固守仰光的決心，但該城依然在3月8日失陷，而且並非戰敗退卻，是不戰棄守。從而也使蔣中正對英軍感到徹底失望。表面上看，英軍固守仰光的時間，似乎與蔣中正期望相去不遠。但真正令蔣擔心的，是英軍決定撤守卻未主動告知，而是從廣播中才得知仰光失陷（緬甸戰區總司令亞歷山大在仰光下令撤退）。他憂慮在聯盟作戰關係中，高階指揮官各行其是，互不協調連繫，可能產生重大危機。鑒於英軍的怯弱與毫無聯盟作戰的誠信，蔣中正決定重新調整戰略部署。[41]

（1）「曼德勒會戰」的戰略構想

　　3月6日，美國陸軍將領史迪威赴華就任中國戰區參謀長，並將前往緬甸指揮國軍作戰。仰光失陷的隔日3月9日，蔣中正毫無保留的向史迪威表達對英軍的不滿。[42]蔣基於仰光失陷後的全般情勢，調整在緬甸的作戰方

41　「蔣中正日記」，1942年3月9日，史丹福大學胡佛研究所藏。

42　周美華編，《蔣中正總統檔案：事略稿本》，第48冊（臺北：國史館，2011年），頁

略。大軍作戰兵力龐大、後勤繁重。各級部隊的計畫、協調及準備需時甚長。指揮大軍必須預判未來任務需要預為籌謀。曼德勒是緬甸中部要域，仰曼鐵路和滇緬公路在此銜接，日軍從緬南進入緬北的門戶，戰略地位重要為敵我所必爭。遠征軍防衛緬北必須考量曼德勒要域的決勝而預擬腹案，並保持彈性適時調整。當時英軍在緬甸的兵力只有 2 個師及 1 個裝甲旅，相當薄弱。日軍南方軍在東南亞兵力強大，就近抽調部隊進攻緬甸相對於英軍的增援容易，英軍難以抵抗可以預知。蔣中正在 3 月 9 日的談話中也告訴史迪威，早在 2 月底時，也就是遠征軍入緬之初，即已關注到曼德勒的重要性。這也是形成曼德勒會戰戰略構想最早的時間。因此，3 月 10 日接見史迪威時，蔣中正說明他的戰略指導：

> 余仍主張我軍主要任務為保衛曼德勒。曼德勒距仰光約一千里，約合五百公里，曼德勒距我後方據桌則無此遼遠，故我增援與給養之供給，尚佔優勢。此點應請注意。……惟我第二百師守禦同古之時，仍必須集結大軍於曼德勒，盖一旦普羅姆〔普羅美，Prome〕失守，我當待敵深入，及其到達曼德勒坿近，予以痛擊，即可開始反攻。
>
> ……故余今決意，守衛該城之責，仍由英軍任之。余則擬立調第五軍之兩師駐守其近郊。……
>
> 余月初赴腊戌〔臘戌〕，目的在保持仰光，此亦為國軍入緬之目的，前已言之。今仰光失守，國軍入緬，已喪失其目的。如欲克復仰光，我必反攻，然我集結部隊需時半月。在此期間中，敵方必儘量增援。仰光戰畧地位有類廣州，敵在各方面皆佔優勢，具備海陸空之便利，我如無足量空軍與砲兵之掩護，克復仰光，殊非易事。克復仰光之信心不堅，實為國軍之心理，將軍必注意及之，故我方欲圖反攻，必另有策劃，其最妥善者，厥惟集結主力

530-531。

拎曼德勒坿近，誘敵深入，待與交鋒之後，再反攻突破之。國軍
習拎此種戰署，將軍應儘量利用之。

史迪威表示：

蒙坦誠賜示諸端，如開茅塞，自當敬謹記憶，視如圭臬。承示應
瞭解中國軍隊之心理，實屬必要。[43]

在此次的交談中，蔣中正決定在曼德勒實施會戰已經很明確。曼德勒的
重要性已如前述，蔣中正憂慮日軍奪得同古後，派遣空降部隊至曼德勒，或
同時發動第 5 縱隊（敵後武力）進攻，一旦曼德勒發生變亂，影響前方士氣
必大。當時曼德勒由英軍守備，這項憂慮也告知數日後來訪的亞歷山大。亞
氏有同感，並請多派中國軍隊前往。蔣中正允諾派遣即將到達的新 38 師，
以大部分兵力進駐曼德勒，願意協助英軍構築工事。[44] 蔣接見史迪威時說
明，在守禦同古時（先遣部隊第 200 師增配騎兵團、工兵團及戰車防禦砲營
等部隊[45]），擬立調第 5 軍的 2 個師駐守曼德勒近郊，待敵深入，到達附近
之時予以痛擊，即可開始反攻。蔣中正表示確保曼德勒的方式是採取攻勢防
禦，以守城部隊阻止日軍，主力在城外攻擊敵軍側背，拘束與打擊相互配合
殲滅敵軍。此時區分梯次輸運進入緬甸的部隊應已到達，開始反攻，先殲滅
敵軍再南下仰光。已經不是仰光失陷前的守勢作戰，而是調整為在曼德勒附
近策劃會戰，以攻勢決戰先殲滅日軍主力，再反攻仰光打通滇緬公路。

國軍早年聘請德籍顧問協助建軍備戰，西方軍事思想及經典戰史隨之引

---

43 「蔣中正與史迪威談話紀錄：入緬指揮華軍注意事項及國軍赴緬任務」（1942 年 3 月 10
　日），〈革命文獻—同盟國聯合作戰：遠征軍入緬（一）〉，《蔣中正總統文物》，國史館
　藏，數位典藏號：002-020300-00019-015。
44 「蔣中正與亞歷山大談話紀錄：防守同古及保衛曼德勒作戰計畫等」（1942 年 3 月 27
　日），〈革命文獻—同盟國聯合作戰：遠征軍入緬（一）〉，《蔣中正總統文物》，國史館
　藏，數位典藏號：002-020300-00019-035。
45 國防部史政編譯局編，《抗日戰史：滇緬路之作戰》（臺北：國防部史政編譯局，1982
　年，再版），頁 8。

進。克勞塞維茨（Carl von Clausewitz, 1780-1831）曰：「會戰是用主力來進行的戰鬥，那是一種使用所有一切可用的實力，追求真正勝利的鬥爭。」[46] 又曰：「會戰被視為集中〔按：指兵力、戰力〕的戰爭，是整個戰爭或戰役的重心。」[47] 主要論點為會戰決定戰爭或戰役勝負，必須集中最大兵力以爭取會戰勝利贏得戰爭。此刻，遠征軍還在區分梯次、逐次入緬，英軍棄守仰光，國軍再往南調動已經沒有聯盟作戰的意義，曼德勒為日軍北進必經的要域。選擇在此會戰，比到仰光決戰的補給線縮短 500 公里，距雲南國境則近，部隊入緬集中兵力較快，容易形成優勢，符合克氏理論。且在時空因素上可以先期經營戰場，以逸待勞，引敵深入，在我選定的地區決戰。日軍則遠離基地延長補給線，增加運補負荷及安全維護兵力較為不利。

蔣中正又指出影響當前作戰的重大因素，敵我雙方都向緬甸增兵，敵軍占據仰光擁有類似廣州的大港，具備海陸空運輸便利，增長兵力比我快速。國軍入緬集結兵力需時半月，若延長戰線南下仰光，不如集中兵力在曼德勒決戰，先擊滅其主力，掃除進路障礙再南下仰光，則勢如破竹進展順利，比到達仰光決戰有利。且遠征軍缺乏足量空軍與砲兵掩護，克復仰光非常不易，造成官兵信心不足必須注意。由於緬甸民心傾向日方，認為驅逐英軍後可以脫離殖民地的苦難，有利日軍運用民力支援作戰（在緬甸境內布滿從事間諜工作的「第五縱隊」，僅曼德勒城內的 5,000 餘名僧侶，其中過半數為日軍提供情報[48]）。蔣中正向新來的參謀長史迪威詳細說明他的構想，分析當前情勢，認為實不利於國軍在緬甸過度延伸戰線。指出：最妥善者為集結主力於曼德勒附近，誘敵深入，待與交鋒之後，再反攻突破之，國軍習於此種戰略，要求史迪威應儘量利用之。

46　克勞塞維茨（Carl von Clausewitz）著，鈕先鍾譯，《戰爭論》（*On War*），中冊（臺北：軍事譯粹社，1980 年），頁 387。

47　克勞塞維茨（Carl von Clausewitz）著，鈕先鍾譯，《戰爭論》（*On War*），中冊（臺北：軍事譯粹社，1980 年），頁 404。

48　周美華編，《蔣中正總統檔案：事略稿本》，第 48 冊（臺北：國史館，2011 年），頁 532-533。

　　國軍習於此種戰略，係指「後退決戰」戰法。為劣勢戰力的部隊，扭轉敵我優劣形勢，殲滅優勢敵軍的戰法。後退是為了在戰略上創造有利機勢，包圍著眼於戰術上發揮戰力殲滅敵軍。如同 2 個月前，1941 年 12 月中下旬，發生在中國湖南省的「第三次長沙會戰」。國軍以省城長沙為餌誘敵來攻，引敵深入國軍部署的口袋陣地，再以長沙城市為袋底阻止敵軍攻勢，集中兵力打擊敵軍側翼，形成後退決戰的殲滅戰。此役殲敵 5 萬 6 千餘人，稱為「天爐戰法」。蔣中正指國軍部隊甚為熟悉，要史迪威儘量運用。由於曼德勒是緬甸中部的交通中心，日軍向北攻略緬甸全境，必先奪此要域。遠征軍可視曼德勒如同長沙，據以誘敵來攻，再造一次後退決戰的殲滅戰。

　　指揮大軍作戰必須策定「全程作戰構想」，統一作戰概念及律定部隊行動，並全程貫徹以掌握戰場主動取得勝利。從 1942 年 3 月 10 日的談話，可以確認英軍棄守仰光後，蔣中正策劃曼德勒會戰，準備先在緬甸中部擊滅日軍，再南下收復仰光，確保中國抗日戰爭的國際通道安全。**依這份資料，歸納緬甸作戰的「全程作戰構想」為：「遠征軍以曼德勒會戰為核心，主動選擇決戰地區，先期經營戰場，引敵深入 500 公里，縮短國軍補給線，待後續部隊盡速到達，集中兵力再與敵決戰。運用後退決戰戰法，預設口袋陣地，完成殲敵部署，於日軍攻擊曼德勒時，以一部固守城市阻止尖端。主力在城外實施側背打擊，先殲滅敵軍主力於曼德勒以南附近地區，再南下仰光重開滇緬公路。戰況不利則沿補給線退回國境，保存戰力參加持久抗戰。」係勝兵先勝而後求戰的擘劃，從戰略上觀照全局，兼顧攻守，確保安全的彈性方案，不是戰術上保衛曼德勒的城鎮攻防戰。會戰通常以攻勢取勝，以殲滅敵人有生戰力為目的，不在一城一地之得失。只要擊滅敵軍主力，城鎮仍然為我所有，並為反攻仰光之先聲。**（粗體為作者所加，以茲強調，後文亦同）

　　曼德勒會戰的兵力部署，初始構想見仰光失陷後的敵我態勢。（圖 5）以第 5 軍先遣部隊第 200 師（增配騎兵團、工兵團及戰車防禦砲營）在同古地區，擔任前方警戒任務，掩護後續部隊到達。軍部及直屬部隊在他希，主力新 22 師及第 96 師於 3 月 23 日以後到達，在曼德勒東北地區集結。第 6 軍在東翼形成縱深部署，以暫 55 師主力在雷列姆（Loilem）、棠吉附近，任

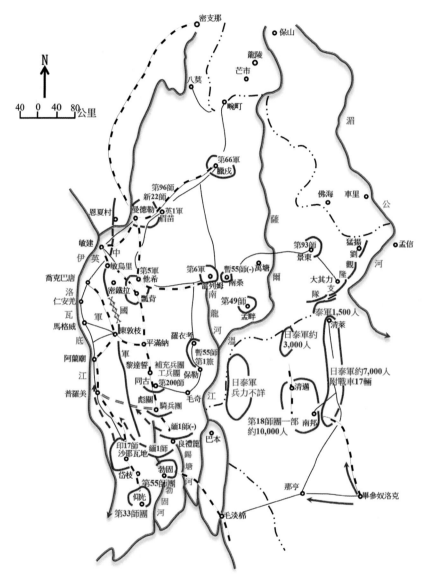

圖 5：1942 年 3 月 16 日敵我態勢圖

資料來源：王懷慶製，改繪自三軍大學戰史編纂委員會編，《國民革命軍戰役史第四部——抗日・第四冊：後期戰役，日本投降及終戰》（臺北：國防部史政編譯局，1995 年），插圖二。此圖呈現仰光失陷後，蔣中正調整在緬甸的作戰方略為實施曼德勒會戰殲滅日軍。其所依據 3 月 10 日蔣中正向史迪威說明會戰計畫時，概定的部隊位置。參見「蔣中正與史迪威談話紀錄：入緬指揮華軍注意事項及國軍赴緬任務」（1942 年 3 月 10 日），〈革命文獻—同盟國聯合作戰：遠征軍入緬（一）〉，《蔣中正總統文物》，國史館藏，數位典藏號：002-020300-00019-015。

軍預備隊，一部固守羅衣考、保勒地區。第 49 師在孟畔，第 93 師在景東。軍固守毛奇、羅衣考至雷列姆諸要點，破壞道路掩護第 5 軍東側翼，劉觀隆支隊沿緬甸與泰、越邊區布防。第 66 軍轄新編第 28、新編第 29 師為遠征軍總預備隊，向臘戍輸送。[49] 其新 38 師到達後接替英軍守備曼德勒，受遠征軍副司令長官兼第 5 軍軍長杜聿明指揮。決戰時，第 5 軍轄 4 個師及直屬裝甲兵團、砲兵團，騎兵團、工兵團與直屬戰防砲、平射砲、高射機槍等營級部隊。[50]

從曼德勒會戰的兵力部署，解析遠征軍的作戰指導，當日軍從南向北發動攻勢，我在同古擔任前方警戒的第 200 師（加強），以廣正面與敵保持接觸，搜索敵情反應狀況。達成任務撤退時，攻守互用引敵進入曼德勒南方我所選定的殲敵地區。第 5 軍為西翼決戰部隊，以新 38 師固守曼德勒，為口袋陣地的底部，阻止敵軍攻擊矛頭。新 22、第 96 師及撤回後的第 200 師，集中兵力與軍直屬部隊從東北向西南實施側背打擊，殲滅敵軍主力。第 6 軍為東翼持久部隊，沿毛奇、羅衣考、雷列姆（棠吉附近）構築縱深陣地，設置障礙破壞道路實施逐次抵抗，適時轉移攻勢會同第 5 軍與敵決戰。第 66軍為戰略預備隊，偵察反擊路線，保持機動彈性，策應主支作戰。

（2）蔣中正與史迪威之間的扞格

討論蔣中正與史迪威的衝突，先要確定兩人在緬甸戰區的指揮關係，3 月 27 日蔣中正接見亞歷山大時，談到指揮權問題，同意全部緬甸戰局由亞歷山大指揮，史迪威部下的中國軍隊自亦包括在內。亞歷山大曾詢問，此意是否電告史迪威。蔣說明：「史蒂威爾〔史迪威〕將軍在此時，**余已面告之，惟曾囑彼如涉及全局戰署及部隊之配置必先得余之同意。將軍與史蒂威爾〔史迪威〕將軍可討論作戰之任何問題，惟若欲變更戰署及部隊之配置，**

49 國防部史政編譯局編，《抗日戰史：滇緬路之作戰》（臺北：國防部史政編譯局，1982年，再版），頁 8。

50 國防部史政編譯局編，《抗日戰史：滇緬路之作戰》（臺北：國防部史政編譯局，1982年，再版），第四篇第二十六章節一節插表第二其二。

應如今日討論情形，事先得余之同意。緬甸為英國屬地，英方自應多負責任。」[51]蔣中正對亞歷山大及史迪威兩人在緬甸指揮中國軍隊的權力和界限，說明非常清楚，變更戰略及部隊配置必先得到他的同意。例如仁安羌作戰時，以兩個團增援英軍，屬於變更部隊配置，須先報請同意。羅卓英（1896-1961）即按權責向上峰呈報，蔣中正電覆同意，[52]也接受史迪威的建議，在緬甸的指揮權限：兵力部署遵照核定的計畫；對敵人的行動，可以適當調整部署；戰鬥開始時，指揮權可以不受干預。[53]即律定指揮權凡涉及緬甸全局戰略，例如改變會戰地區，兵力部署遵照計畫等，均屬戰略性的決定，若要變更需經統帥同意，非史迪威權責。在準備會戰時，因應敵人行動可以適當調整部署以利會戰實施。會戰開始，屬於戰術上的作為，則全權指揮作戰。

　　無論中外，戰後都曾出現指蔣中正干預史迪威太多的評論，或不明白當時授權史迪威指揮時已經有明確的規定，也未查明史迪威是否抗命越權才引起蔣中正的關切。中國請美方派遣一位高階軍官擔任戰區參謀長，本來應該在重慶任職，協調中美聯盟事宜。由於美國的國防部長史汀生（Henry L. Stimson, 1867-1950）致蔣中正的一份備忘錄，促成史迪威到緬甸指揮作戰。蔣中正的反應異常不快，不過他不願意在中美同盟結締之初就正面提出反對，因此聲明這位美國軍官在行使中國戰區參謀長的職務時，有權「連繫」緬甸的中英美各國軍隊，藉以沖淡「指揮」的意義。同時說明，這位美國軍官所以能夠獲得這項權力，因為他是中國戰區的聯軍參謀長，因此當然必須服從蔣中正的命令。[54]中國是主權獨立的國家，不是殖民地。把武裝部隊暫

---

51 「蔣中正與亞歷山大談話紀錄：防守同古及保衛曼德勒作戰計畫等」（1942 年 3 月 27 日），〈革命文獻—同盟國聯合作戰：遠征軍入緬（一）〉，《蔣中正總統文物》，國史館藏，數位典藏號：002-020300-00019-035。

52 國防部史政編譯局編，《抗日戰史：滇緬路之作戰》（臺北：國防部史政編譯局，1982 年，再版），頁 67。

53 「蔣中正與史迪威會談記錄」（1942 年 3 月 19 日），秦孝儀主編，《中華民國重要史料初編——對日抗戰時期·第三編：戰時外交（三）》（臺北：中國國民黨中央委員會黨史委員會，1981 年），頁 576-580。

54 齊錫生，《劍拔弩張的盟友：太平洋戰爭期間的中美軍事合作關係（1941-1945）》（臺

時交由盟軍指揮，在互信不足的情況下，蔣中正必須明確律定指揮權責。

　　依史迪威日記中一份未註明日期的文件所載，他聽完蔣中正說明曼德勒會戰構想後並不認同。表示當時第 200 師在同古（曼德勒南方 200 英里，約合 320 公里），新 22 師即將進駐曼德勒，第 96 師靠近臘戍。史迪威打算在最前面的同古一帶，把這 3 個師集結起來擋住日本人。[55] 他認為曼德勒毫無軍事意義，沒有一個防禦陣地的有利條件，由於遠征軍已同英國人商定要盡力保住眉苗（Maymyo）至同古（仰曼幹道）的防線，因此堅持要求再派 3 個師來。這幾個師既可以保證曼德勒的安全，同時可以向南方進攻仰光，蔣中正只同意調動新 22 師去支援第 200 師。[56] 史迪威依然堅持不同的主張，於是蔣中正告訴他，敵軍戰力優勢，需要 3 個師才能抵擋日軍 1 個師團，至少 5 個師進攻才有成功希望。[57] 且日軍發動攻勢時通常得到上級的重砲、戰車及戰機支援均未列計，而第 5 軍直屬部隊的裝甲兵團及砲兵團尚未獲得英方的油料補充，暫停在邊境的畹町地區。遠征軍後續部隊到達的時間需時半個月，都是史迪威已經明瞭的內部情資。2 月 23 日英軍在錫唐河作戰大敗，日軍第 33 及第 55 兩個師團已經參戰，[58] 相當於國軍 6 個師的戰力，盟軍不會沒有戰場情報。從敵我戰力分析，目前在同古決戰未必有利，後續部隊到達之前南下仰光，孤軍深入 500 里有被各個擊滅的危險，史迪威均未見及此令人訝異。

　　依蔣中正談話資料和史迪威日記的記載，說明英軍棄守仰光後，兩人對反攻仰光重開滇緬公路有共識。主要的不同，**蔣中正在緬甸作戰的全局戰**

───────

　　北：中央研究院、聯經出版事業公司，2012 年，修訂版），頁 57-58。

55　史迪威（Joseph W. Stilwell）著，林鴻譯，《史迪威日記》（哈爾濱：北方文藝出版社，2014 年），頁 65。

56　史迪威（Joseph W. Stilwell）著，林鴻譯，《史迪威日記》（哈爾濱：北方文藝出版社，2014 年），頁 66。

57　史迪威（Joseph W. Stilwell）著，林鴻譯，《史迪威日記》（哈爾濱：北方文藝出版社，2014 年），頁 67。

58　日本防衛廳防衛研修所戰史室編，曾清貴譯，《緬甸攻略作戰》，日軍對華作戰紀要叢書（44）（臺北：國防部史政編譯局，1997 年），頁 197。

略，從原先的守勢防衛修正為攻勢決戰。主張選擇最有利的決戰地區發動會戰，先殲滅敵軍主力，再南下仰光。史迪威則從戰術上的局部情勢看問題，認為把第 200 師部署在南方的同古將被擊滅，而環繞曼德勒的老舊城牆，斷垣殘壁沒有防禦價值，配置此地的 2 個師也會被擊滅。主張集中 3 個師在同古作戰擋住日軍，則後面的曼德勒得以確保，並可以順勢直下仰光。史迪威對蔣中正一再解釋「曼德勒會戰計畫」，認為「聽到一個荒謬的戰略概念，其基礎是曼德勒的重要性。」[59] 顯見指揮大軍作戰的理論原則和作戰實務，都不是他曾經接觸過的領域，所以很難理解蔣的說明而視為荒謬。**兩人對決戰地區的選擇不同，意見衝突各持己見，為關係惡化的開始。**

至於第 200 師在同古是否將被日軍擊滅，實屬過慮。擔任前方警戒部隊，執行任務的方式為搜索、警戒、防禦、遲滯作戰及有限目標攻擊，通常避免決戰。達成掩護任務後，保存戰力撤回國軍後方，擔任預備隊參加主力決戰。這些戰鬥方式，師級指揮官和主要參謀都應該熟悉，史迪威卻沒有概念，令人懷疑他對於師作戰準則及部隊實務是否理解。由於史迪威與英軍商定保住眉苗至同古防線，蔣中正信守承諾，同意派新 22 師前往支援。

蔣中正向史迪威說明「曼德勒會戰計畫」不只一次。史迪威離開重慶到達緬甸仍然堅持己見，先在 3 月 14 日發送電文給蔣中正，要求將新 22 師及第 96 師南下向平滿納集中，準備到更南方的同古會合第 200 師與敵決戰。[60] 3 月 17 日又趕回重慶繼續爭取，隔日雙方進行激烈爭論。[61] 蔣中正對剛到中國的參謀長認識有限，在當天日記寫下對他的印象：「與史〔迪威〕將軍談緬甸作戰方鍼甚久，彼誠無作戰經驗、徒尚情感，不顧基本與原

59　史迪威（Joseph W. Stilwell）著，林鴻譯，《史迪威日記》（哈爾濱：北方文藝出版社，2014 年），頁 75。

60　「史迪威電蔣中正與英國接洽米食供給及第二十六師第九十六師部署」（1942 年 3 月 14 日），〈革命文獻—同盟國聯合作戰：遠征軍入緬（一）〉，《蔣中正總統文物》，國史館藏，數位典藏號：002-020300-00019-020。原檔誤植為「第二十六師」，第 5 軍編制應為「第二十二師」。

61　史迪威（Joseph W. Stilwell）著，林鴻譯，《史迪威日記》（哈爾濱：北方文藝出版社，2014 年），頁 63。

則」。[62] 表示運用許多時間告訴他在緬甸作戰的重要方針，可惜他沒有作戰經驗難以領會，有點情緒化，不考慮基本實務和作戰原則是否可行。以蔣中正的豐厚閱歷與對軍旅事務的熟悉，在花費許多時間和史迪威討論後，日記寫下對其學能和個性的看法，應屬客觀。19 日兩人再談，史迪威相當固執，仍然希望第 5 軍全軍南下，形成統帥與參謀長的意見嚴重分岐。當初蔣中正同意史迪威擔任中國戰區參謀長，是宋子文（1894-1971）所呈的報告，表示：「史梯威爾〔史迪威〕（STILLWELL）查與美參謀總長麥霞爾〔馬歇爾，George C. Marshall, 1880-1959〕同學同班〔按：資訊錯誤，兩人不同校〕，一九三八年美政府派充駐平武官」，又稱：「對我國感情甚好，人極直率，純粹軍人氣質，不似馬古德〔馬格魯德，John L. Magruder, 1887-1958〕輩好用政治手腕，一般對我友好人士，均謂此人駐華，至為適當」，[63] 於是蔣對任命表示歡迎。

　　蔣中正面對的雖然是他屬下的中國戰區參謀長，而同時也是具有多重身分的美軍在華代表及軍援物質的分配者，在中美外交關係上必須妥善處理的人物。但仍然把握原則，明確下達指示：

> 我在緬甸作戰應切記兩大綱要：**第一、應選擇與敵最後決戰之場所，此場所應在曼德勒以南之近郊；第二、應固守曼德勒。**此次在異邦作戰，余至感關切，蓋其危機有二：第一當地民眾傾向敵人，對我並無好感；第二缺少統一指揮。……在此兩種危機未能解除以前，**我入緬作戰部隊只應取消極態度，不應過份積極，自不宜遠離根據地向前突進。**第五第六兩軍為我國軍惟一精粹之部隊，前已明告將軍；故彼等絕對不能挫折，苟有挫折，其影響將為整個中國不可挽救之損失。……惟念將軍既為予之參謀

---

62 「蔣中正日記」，1942 年 3 月 18 日，史丹福大學胡佛研究所藏。

63 「宋子文電蔣中正有關史迪威二十七年美國派駐華武官監視日軍在華行動」（1942 年 1 月 21 日），〈革命文獻─同盟國聯合作戰：史迪威將軍就職〉，《蔣中正總統文物》，國史館藏，數位典藏號：002-020300-00024-001。

長又負指揮我軍在緬作戰之責，自當參酌尊意，在駐曼德勒之二

師中抽一師赴普羅姆〔普羅美〕前方迤東之唐得文依〔東敦枝，

Taungdwingyi〕及阿藍模〔阿蘭廟，Allanmyo〕一帶地區。

余在國內指揮作戰時，未嘗不採取勇猛之戰畧，冒險嘗試。惟今

在異國作戰，不得不加以審慎。

倘能按照余所規定之戰畧切實實行，勝利必属扵我。他日反攻準

備成熟之時余必通知將軍，**惟在目前應取守勢，切勿輕進以求僥**

倖。[64]

史迪威表示：當謹遵命為之。蔣告以下月中旬我方入緬曼德勒以南之部隊可達 5 至 6 個師。

　　經過幾次交談，蔣中正明白史迪威執意在同古決戰，再南下收復仰光。認為該講的都講了，**於是定調緬甸全局的戰略重心，是在曼德勒以南的近郊與敵決戰。此際，遠征軍兵力尚未集中，4 月中旬才能再到達 5 至 6 個師，在此之前不是決戰時機，目前應取守勢。上述各項為授權史迪威到緬甸指揮遠征軍作戰時，必須遵守的命令。**

　　蔣中正為了不使新到任的參謀長感到難堪，不再堅持將第 5 軍主力部署在曼德勒，但也沒有全部接受史迪威的建議，而是採取折中方案，將新 22 師從曼德勒東北地區，前推至南方的東敦枝。

（3）史迪威開戰前的作戰命令

　　21 日史迪威在蔣中正的讓步下，由重慶飛抵臘戌，並帶來蔣中正的手令，其重要指示要旨如次：

　　一、派一師至唐得文伊〔東敦枝〕、阿藍廟〔阿蘭廟〕間地區，作

　　　　為普羅美方面之英軍總預備隊，專備反攻增援之用，決不擔

---

64 「蔣中正與史迪威談話紀錄：在緬甸作戰與日軍最後決戰在曼德勒以南近郊等」（1942 年 3 月 19 日），〈革命文獻—同盟國聯合作戰：遠征軍入緬（一）〉，《蔣中正總統文物》，國史館藏，數位典藏號：002-020300-00019-026。

負守備任務，如敵以一個師團向普羅美進攻，而英軍無久守防地至 23 日之精神，則我軍應在唐得文伊〔東敦枝〕、阿藍廟〔阿蘭廟〕所駐地區內固守待機。

二、對史迪威參謀長之命令，應絕對遵守。

三、凡在國外部隊，以「不輕進，不輕退」二言為要訣，在前方全般情勢有利於出擊反攻或捕捉戰機時，則應決心出之以積極行動。

四、我軍在同古、平滿納方面陣地之兵力，應以現有者為限。

五、我軍決戰地區，必在曼得勒〔曼德勒〕附近之要旨，切不可忽略。

六、據杜聿明軍長函稱，亞歷山大將軍作戰方針，在保護彥南陽〔仁安羌〕之油田，如果照此方針，則我軍一師兵力，不可到阿藍廟〔阿蘭廟〕，只可到唐得文伊〔東敦枝〕。

七、棠吉、羅衣考、及其前方部隊，仍應由暫編第 55 師派兵一團擔任，不必變更。

八、同古必須死守，英軍在普羅美未撤退以前，我軍決不能先撤同古陣地。[65]

　　史迪威在中國戰區的正式職銜是參謀長，並非指揮職，奉命到緬甸指揮遠征軍作戰，依據蔣中正交由他攜帶的手令第二條：「對史迪威參謀長之命令，應絕對遵守。」稱「參謀長」，並未授以「司令」職權，係以幕僚長身分指揮作戰，職責在貫徹手令規定。手令的指示，主要包括會戰地區的確定及部隊配置，均為全局戰略的要項。史迪威及遠征軍幹部都必須遵守，不得違背。手令第三項留下遠征軍將領可以建議史迪威不宜輕易冒進的空間；第四項限制史迪威不得在同古增加兵力，防止他在此地擴大戰事與日軍決戰；

65　國防部史政編譯局編，《抗日戰史：滇緬路之作戰》（臺北：國防部史政編譯局，1982 年，再版），頁 25。

第五項再次明確指示決戰必在曼德勒；致於第八項，律定死守同古是有前提的，英軍未撤離普羅美之前，必須確守聯盟作戰的誠信，達成任務後可以適時撤退。蔣中正明白史迪威的作戰指導和他完全不同，而且堅持己見。仍然授予指揮權是在滿足美國軍方的期待，遠征軍司令長官衛立煌（1897-1960）暫不到職，由副司令長官杜聿明代理，空置主官位置便於史迪威指揮部隊，顯然出於考量中美外交關係的妥善安排。手令的條文則在防止史迪威冒險躁進，確保「曼德勒會戰」按計畫實施，處於有利地位與日軍做一次總決戰。

　　3月21日夜22時，史迪威即在臘戍下達作戰命令，決在同古附近拒止由勃固北進之敵，並與英軍協同作戰。遂令杜聿明率部南下，統一指揮同古作戰，其命令第三項包含下列行動：

三、我軍決在同古附近拒止由培古〔勃固〕北進之敵並與英軍協
　　同作戰，其兵力部署如次：

（一）第二百師及第五軍直屬部隊〔按：受第200師管制〕暨
　　　　第六軍之暫編第五十五師主力歸杜〔聿明〕軍長指揮，擔
　　　　任同古方面之作戰，暫編第五十五師應即由現地向瓢背
　　　　〔Pyawbwe〕附近輸送。

（二）第五軍之新編第二十二師即由曼得勒〔曼德勒〕開唐得文伊
　　　　〔東敦枝〕附近，歸余直接指揮，準備支援普羅美方面之作
　　　　戰。

（三）第六軍方面，就現在部署，準備拒止由泰國方面來攻之敵。
　　　　但毛奇方面仍應依參謀團原定計畫，派暫編第五十五師之一
　　　　部接替緬第一師第十三旅之防務，並在該方面確實佔領要點
　　　　構築工事，拒止來犯之敵，以掩護同古正面我軍之左側背。

（四）第九十六師為總預備隊，即開曼得勒〔曼德勒〕附近，歸余
　　　　直接指揮。66

66 「我遠征軍入緬作戰一般經過」，〈滇緬路作戰〉，《國防部史政編譯局》，國家發展委員

　　史迪威帶著蔣中正授權他指揮遠征軍作戰的手令到緬甸，當天所下達的第一道命令就擴大同古戰事，違背蔣中正手令第四條：「我軍在同古、平滿納方面陣地之兵力，應以現有者為限〔同古只限第 200 師 1 個師〕」。下令杜聿明指揮第 200、暫 55 師在同古作戰，自己直接指揮新 22 及第 96 師，也就可以投入 4 個師在同古戰場。**這道命令前推兵力到同古作戰，形同放棄曼德勒會戰的準備工作，改變緬甸的全局戰略，並沒有獲得蔣中正同意。**此刻遠征軍還在區分梯次入緬，部隊尚未集中，前方提早決戰，逐次使用兵力有被各個擊滅的危險。3 月 19 日史迪威準備到緬甸領軍之前，蔣中正和他再談時曾經提醒：「第五第六兩軍為我國軍惟一精粹之部隊，前已明告將軍；故彼等絕對不能挫折，苟有挫折，其影响將為整個中國不可挽救之損失」。「他日反攻準備成熟之時余必通知將軍，惟在目前應取守勢，切勿輕進以求僥倖。」當時史迪威表示當謹遵命為之。然而 21 日到達緬甸卻未經蔣中正同意即擅自改變全局戰略，擱置曼德勒會戰的準備，下令第 5 軍在同古與日軍決戰，行險以求勝。

三、先遣作戰：同古重挫日軍

　　同古位於仰光北方，為沿仰曼鐵路進入緬甸中部的要點。其西方約 10 公里的軍用機場，是日軍必先奪取的重要基地。遠征軍以第 200 師管制騎兵、工兵團及反裝甲營為先遣，已經成為機動、阻絕、反裝甲戰力強大的聯合兵種部隊，在同古擔任前方警戒部隊迎擊日軍第 55 師團，是遠征軍在緬甸與日軍的首戰。

　　會檔案管理局藏，檔號：B5018230601/0031/152.2/2196.2/001/001/0039 至 0040。引用檔號前綴相同者省略，以「至」字連結起迄流水號。後文亦同。

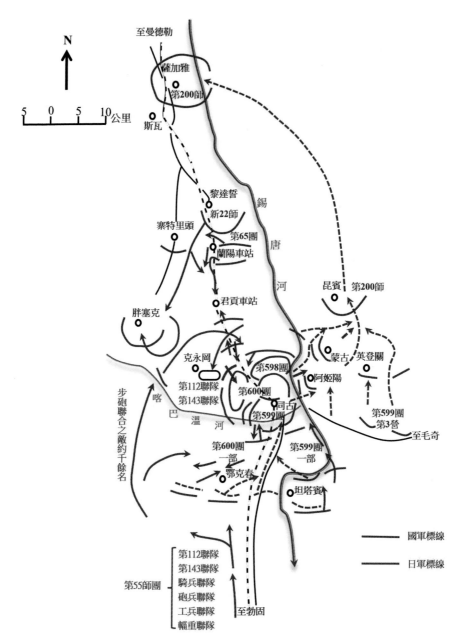

圖6：同古作戰經過示意圖

資料來源：王懷慶製，改繪自三軍大學戰史編纂委員會編，《國民革命軍戰役史第四部——抗
日‧第四冊：後期戰役，日本投降及終戰》（臺北：國防部史政編譯局，1995年），插圖四。

（一）作戰經過概要

　　早先從 3 月 1 日開始，第 200 師長戴安瀾（1904-1942）依照蔣中正每日開動一團的指導，向任務地區推進。[67] 以第 598 團為前衛部隊，於 4 日抵達平滿納占領陣地，掩護師主力到達布防。3 月 18 日，配屬 200 師的第 5 軍騎兵團於彪關河前哨站掩護英軍通過後，即與緊躡英軍之後的日軍第 55 師團交戰。第 200 師師長戴安瀾見態勢不利，依既定計畫於 19 日放棄前哨陣地，下令部隊退入同古城廂及東邊的高地，集中兵力形成四周防禦，部署陣縱深陣地堅強固守。3 月 20 日，騎兵團轉移至鄂克春（Oktwin，位於同古南方約 10 公里處）陣地。[68] 23 日，日軍第 55 師團主力到達同古發起攻擊，作戰經過如圖 6。

　　日軍第 55 師團以第 112 聯隊實施正面攻擊；第 143 聯隊向西迂迴至國軍右翼，向同古機場發起攻勢。至 3 月 24 日，由於據守機場的英軍部隊放棄陣地，第 200 師雖然派遣部隊增援，但仍不敵日軍攻勢，同古機場遂遭日軍占領。而後日軍第 55 師團將攻擊重點，指向據守同古城的第 200 師主力。25 日，第 55 師團編組三路部隊包圍同古城，第 112 聯隊為右翼隊負責南面，第 143 聯隊為左翼隊負責西面及北面，另編組騎兵聯隊配屬步兵一中隊，沿錫唐河谷實施攻擊。3 月 26 日，日軍全線發起總攻，第 112 聯隊占領同古西南角之後，遭遇國軍第 200 師堅強抵抗，敵攻勢頓挫；第 143 聯隊雖進入同古西北側地區，但仍未能擊退國軍。此外，日軍沿錫唐河谷北進的騎兵隊，進展至同古東側時，攻勢亦受挫。[69] 27 日拂曉，日軍持續發起攻擊，然攻勢強度已不如前日。第 200 師第 599 團乘勢向日軍騎兵隊及第

67　戴安瀾，《安瀾遺集》，近代中國史料叢刊第 90 輯第 898 冊（臺北：文海出版社，1973 年），頁 157。

68　蔣緯國總編著，《國民革命軍戰史第三部：抗日禦侮》，第 8 卷（臺北：黎明文化事業股份有限公司，1978 年），頁 185。

69　日本防衛廳防衛研修所戰史室編著，曾清貴譯，《緬甸攻略作戰》，日軍對華作戰紀要叢書（44）（臺北：國防部史政編譯局，1997 年），頁 436。

112 聯隊發起逆襲,雖未奏功,但造成日軍不少損傷。[70] 同日,國軍第 5 軍新 22 師全部抵達蘭陽車站附近(同古北方 30 公里),待命投入戰場。日軍鑒於此,派遣第 143 聯隊一部兵力北上實施拒止,遂使兵力形成分離。3 月28 日,第 55 師團在空中及地面火力支援下,全線各部隊再興攻擊。初期第143 聯隊逐次爆破第 200 師碉堡陣地,但遭遇國軍縱深陣地的頑強抵抗,攻擊再度受挫。日軍第 55 師團以最後力量再行攻擊,第 200 師奮戰不退,雙方犧牲慘烈。甫由仰光登陸的日軍第 56 師團第 56 聯隊渡過錫唐河,夜襲東岸阿姬陽高地上之第 200 師指揮部,28 日急襲國軍堅固據守的陣地。[71] **遠征軍杜聿明鑒於日軍攻勢猛烈,且其新銳部隊增援到達,為避免無謂犧牲,決心放棄同古,遂下令撤退**。第 200 師接獲命令後,於 3 月 29 日夜間撤離同古。31 日安全到達黎達誓(Yedashe)以北地區,作戰結束。同古作戰先後經過 13 日,是雙方在緬甸的首戰,敵我傷亡均各在 2,500 人以上,也是日軍在緬甸首次遭到嚴重的攻擊頓挫。蔣中正對第 200 師在同古予日軍「重大打擊」讚譽有加。[72] 日軍稱第 200 師戰志始終十分高昂,尤其掩護退卻的部隊,固守陣地抵抗到最後一刻,堪稱值得敬佩的敵人,日軍第 15 軍司令官飯田祥二郎等對其勇氣讚佩不已。[73]

第 200 師能在同古作戰中獲得敵我雙方的肯定,實有賴於堅固確實的工事與高昂的士氣。在工事構築方面,第 200 師進駐同古後,雖然英軍給予的援助非常有限,但官兵以仰曼鐵路的枕木為基材,修築數道封閉式的堡壘,[74] 這些封閉式的堡壘以同古為中心,連接形成環狀的數帶陣地。為了

---

70 國防部史政編譯局編,《抗日戰史:滇緬路之作戰》(臺北:國防部史政編譯局,1982年,再版),頁 36。

71 日本防衛廳防衛研修所戰史室編著,曾清貴譯,《緬甸攻略作戰》,日軍對華作戰紀要叢書(44)(臺北:國防部史政編譯局,1997 年),頁 440。

72 「蔣中正日記」,1942 年 3 月 31 日,美國史丹福大學胡佛研究所藏。

73 日本防衛廳防衛研修所戰史室編著,曾清貴譯,《緬甸攻略作戰》,日軍對華作戰紀要叢書(44)(臺北:國防部史政編譯局,1997 年),頁 440。

74 袁梅芳、呂牧昀編著,《中國遠征軍:滇緬戰爭拼圖與老戰士口述歷史》(香港:紅出版、青森文化,2015 年),頁 58。

避免因人員傷亡而造成防線的缺口，每一碉堡內都繪製輕重武器的位置與火力編組、射擊距離、射擊目標等要圖，使預備人員接替時，能迅即了解碉堡的各項戰鬥資訊。此外，為了使火制能力更加完善，讓官兵日夜都能發揮戰力，碉堡周邊更架設夜間射擊的固定標示，以及彈藥、炊事和廁所等設備。[75] 日軍第 55 師團交戰後表示，千餘名國軍不僅擁有迫擊砲及速射砲，部隊內部亦構築複線陣地，並有巧妙遮蔽的多數掩蓋槍座。日軍第 55 師團坦承是進入緬甸以來，所遇到較頑強的敵軍陣地，因而戰鬥趨於激烈不易擊破，使戰鬥指揮陷於混亂與苦戰。[76] 在部隊士氣方面，當日軍完成三面包圍時，杜聿明曾擔心部隊狀況，由於第 200 師堅強的作戰意志以及周全的工事，師長戴安瀾再三保證部隊士氣旺盛，定能完成上級交付任務。[77] 參戰官兵在作戰最後階段，與上級通信中斷的狀況下，士氣並未因此而低迷。[78] 第 200 師在同古作戰的經驗，證明防禦作戰時，堅強的陣地編組及完善的戰備措施，能增加官兵信心及安全感，堅定作戰意志，貫徹命令奮戰到底。

　　評論當時的作戰，亦有認為在同古決戰實為殲滅日軍有力部隊，開展緬甸戰局的良機。[79] 此說只見戰場上第 200 師在戰術戰鬥的優越作為，以及第 5 軍戰力堅強勇敢善戰。但未見敵機炸毀車站，火車出軌，致國軍整個攻擊

---

75 鄭庭笈，〈第二〇〇師入緬抗戰經過〉，收入中國人民政治協商會議全國委員會文史資料委員會《遠征印緬抗戰》編審組編，《原國民黨將領抗日戰爭親歷記：遠征印緬抗戰》（北京：中國文史出版社，1990 年），頁 254。

76 日本防衛廳防衛研修所戰史室編著，曾清貴譯，《緬甸攻略作戰》，日軍對華作戰紀要叢書（44）（臺北：國防部史政編譯局，1997 年），頁 434。

77 周美華編，《蔣中正總統檔案：事略稿本》，第 48 冊（臺北：國史館，2011 年），頁 676。

78 鄭庭笈，〈第 200 師入緬抗戰經過〉，收入中國人民政治協商會議全國委員會文史資料委員會《遠征印緬抗戰》編審組編，《原國民黨將領抗日戰爭親歷記：遠征印緬抗戰》（北京：中國文史出版社，1990 年），頁 258。

79 「林蔚呈緬甸戰役作戰經過及失敗原因與各部優劣評判報告書第一冊」（1942 年 9 月 30 日），〈緬甸戰役得失評判（一）〉，《國民政府》，國史館藏，數位典藏號：001-072620-00001-001；國防部史政編譯局編，《抗日戰史：滇緬路之作戰》（臺北：國防部史政編譯局，1982 年，再版），頁 117。

計畫大受影響，而圍攻同古之敵，傾全力在飛機火砲的掩護下向守軍猛烈攻擊，國軍處於糧彈匱乏狀態，同古守備隊於 3 月 29 日夜晚開始突圍，渡錫唐河轉移。[80] 史迪威忽略蔣中正所指：敵我的總戰力日軍優勢，我軍還在梯次運輸，兵力尚未集中，敵軍增長兵力比我迅速等因素。冒然發動同古決戰未能致勝，遂在新 22 師掩護下撤至平滿納地區集結。

（二）史迪威的負氣請辭

就在第 200 師成功撤離同古的隔日（3 月 30 日），史迪威返回重慶向蔣中正請辭指揮遠征軍作戰的任務，理由是「所得權限未足，未能令出必行」。他向蔣中正表示，3 月 26 日第 200 師被圍之際，曾令新 22 師前進同古實施解圍（按：日軍第 56 師團當天已經到達仰光，即以鐵路輸送同古，支援與遠征軍第 200 師作戰的第 55 師團，其先遣第 56 搜索聯隊增配步兵、機槍、砲兵、工兵先行出發），但新 22 師受令後並無動作。30 日再令新 22 師向同古發起攻擊，但新 22 師僅對前線放出少許槍聲外，部隊亦未調動。[81] 史迪威表面上抱怨國軍幹部不聽從指揮，但實際上真正的想法，是在抱怨蔣中正不斷干預前線的行動。「**我們失去一個在同古擊退日本人絕好機會，根本原因在於蔣介颱〔蔣中正〕的插手……他在我背後對杜聿明和林蔚進行指揮，他身處距前線 1,600 英里以外的地方，寫下一道接一道的指令，要我們去做這做那，……他對保衛曼德勒如痴如迷，但卻沒有看見要保住它就得在同古擊退日本人。**」[82] 又寫道：「**12 點去見他〔按：指蔣中正〕並同他攤了牌，我言辭激烈，說我必須被解職……也許無論如何，我現在不會被接**

80　國防部史政編譯局編，《抗日戰史：滇緬路之作戰》（臺北：國防部史政編譯局，1982 年，再版），頁 38。

81　秦孝儀主編，《中華民國重要史料初編──對日抗戰時期・第二編：作戰經過（三）》（臺北：中國國民黨中央委員會黨史委員會，1981 年），頁 272。

82　史迪威（Joseph W. Stilwell）著，林鴻譯，《史迪威日記》（哈爾濱：北方文藝出版社，2014 年），頁 76。

受，因為中國人已經接受英國人的領導〔按：指亞歷山大〕，一個第三國國民的存在已不再有必要。但是，我告訴他，我不能讓美國空軍去支持我對其不信任的指揮官所指揮的軍隊〔按：指亞歷山大所指揮的軍隊，包括中國軍隊及英軍〕。這次見面十分坦率，我投下的那些炸彈發出巨大的轟響，簡單的說，如果軍級或師級指揮官不服從命令，我沒有足夠的權力去強迫他們服從。商震感到震驚，蔣介石〔蔣中正〕和夫人〔宋美齡（1897-2003）〕憂心忡忡。」[83]

　　史迪威的職務為中國戰區參謀長，參謀長的主要職責在貫徹統帥意志。先不論決戰地區選擇曼德勒或同古何者勝算較大，史迪威帶著蔣中正手令到緬甸指揮作戰，應該率部貫徹執行。他反而違背命令，前推 400 餘公里到同古作戰。未經核准就擅自改變緬甸的全局戰略，已經觸犯軍法「敵前抗命」的刑責。此種心態所產生的行事風格，是與蔣中正衝突的根本原因。從日記顯示，不滿的源頭仍在兩人對決戰地區是選擇曼德勒或同古之爭。他抱怨蔣中正不斷干預，使他的指揮權消失得無影無蹤，認為軍級和師級指揮官最感興趣的是做將中正要他們做的事。[84] 他似乎忘記蔣中正交由他帶到緬甸向主要幹部宣達的手令，除了律定對史迪威參謀長之命令應絕對遵守外，還規定國軍在同古方面之兵力應以現有者為限（只限第 200 師 1 個師），尤其「決戰地區必在曼德勒」，為遠征軍主要幹部已經建立的共識，手令再次指示，官兵必須貫徹。軍、師長遂按照杜聿明的調度，依據手令指示而行動。同古作戰是史迪威不服從命令，並非遠征軍將領不聽指揮，其理甚明。

　　由於大軍作戰時程較長，空間廣闊，從作戰發起到貫徹最後目標，須確定「全程構想」，預為所要準備。[85]「全程構想」為統一觀念，整合行動，掌

83　史迪威（Joseph W. Stilwell）著，林鴻譯，《史迪威日記》（哈爾濱：北方文藝出版社，2014 年），頁 77。

84　史迪威（Joseph W. Stilwell）著，林鴻譯，《史迪威日記》（哈爾濱：北方文藝出版社，2014 年），頁 76。

85　陸軍教育訓練暨準則發展委員會編審，《陸軍作戰要綱——大軍指揮（草案）》（桃園：陸軍總司令部頒行，1989 年），頁 1-31。

握戰場主動的指導綱要，策訂之後不宜輕易變動，以免被壞「計畫性」，失誤於「鈍重性」而處於被動。戰場經營在為作戰創造有利環境。無論攻勢或守勢，均應對當前、預想及敵後等戰場，作周密規劃，全力經營。攻勢作戰時，尤應著重敵後及「預想戰場」。[86] 史迪威未經核准擅自改變全局戰略，把應該在曼德勒經營戰場準備會戰的主力部隊，前推同古進行作戰，原訂的「曼德勒會戰計畫」形同廢置，開戰之初敗象已露。蔣中正難以安心，為頻繁來電、查詢不斷的背景因素。為顧及他的尊嚴，並未直接下令導正，交由前線的杜聿明和林蔚緩和處理，以維繫中美外交的和協關係。3 月 31 日第200 師安全抵達黎達誓之際，蔣中正對史迪威在同古擴大戰事，日記寫下：「不知敵軍心理與戰地實情之談也」。[87] 對於史迪威的嘔氣請辭，感到「殊出意外」。[88]

　　史迪威的正式職銜雖然是中國戰區參謀長，但也是美國軍事代表，同時掌控援華物資的處分權。對蔣中正來說，與身兼數職的史迪威相處，就不能單從軍事上的隸屬關係相應對。這使得原本單純的用兵問題，參雜了中美關係的因素在其中，稍一不慎即可能在外交上帶來負面影響。對此，蔣中正僅能無奈的「以待時局之推移而已」相應。[89] 為避免影響中美關係，他選擇安撫史迪威。除了承諾徹查相關人員責任並以軍法處置外，還在 4 月初陪同史迪威返回緬甸，藉以宣示支持史迪威的指揮權。但事實上，遠征軍並沒有任何將領因此事被懲處。蔣唯一的動作，是任命羅卓英擔任中國遠征軍司令長官（原由副司令長官杜聿明代理），讓他成為史迪威與遠征軍將領之間命令傳達的橋樑，以避免雙方直接接觸。[90] 蔣中正對入緬幹部的輕放，在於其內

86　陸軍教育訓練暨準則發展委員會編審，《陸軍作戰要綱——大軍指揮（草案）》（桃園：陸軍總司令部頒行，1989 年），頁 1-30。

87　「蔣中正日記」，1942 年 3 月 31 日，史丹福大學胡佛研究所藏。

88　「蔣中正日記」，1942 年 4 月 1 日，史丹福大學胡佛研究所藏。

89　「蔣中正日記」，1942 年 4 月 1 日，史丹福大學胡佛研究所藏。

90　周美華編，《蔣中正總統檔案：事略稿本》，第 49 冊（臺北：國史館，2011 年），頁72。

心相當清楚第 5 軍的作為符合自己的戰略意圖，對放棄同古表示「乃達成余一貫之意圖也」。[91]

　　對於史迪威動搖全局戰略的抗命事件，為避免對中美外交產生負面影響，只有隱忍並未處理，也是造成誤解蔣中正干預史迪威指揮權的原因之一。蔣中正在 4 月 1 日的日記寫道：「出國作戰，對敵對友，對當地民心皆多困難，客卿指揮我軍，又不熟悉各方內情，皆須面面顧到，較之國內作戰之單純者，其難易相去，天壤之別，殊為可慮，而史受英方宣傳與運動，更可顧慮。」[92]無奈的心情溢於言表。有趣的是同一日，史迪威向蔣中正憤慨抱怨遠征軍將領不服從，日記曰：「我是愚人嗎，從 3 月 19 日到 4 月 1 日一直在緬甸，同中國人、英國人、我自己的同胞鬥爭，同供應、醫療服務等鬥爭，偶爾還要同日本人鬥爭。」[93]充滿諸事不順的焦燥。同古撤退後的愚人節，兩人都有諸多苦悶與感慨。

四、未執行的會戰：平滿納、曼德勒

　　同古撤退，當面日軍第 55 師團進逼而來，曼德勒會戰引敵深入，以逸待勞後退決戰的情勢攻變。由於亞歷山大為緬甸戰區聯盟作戰總司令，卻無整合中英盟軍與日軍作戰的積極動向，英軍一路退卻避免決戰。蔣中正為避免盟國認為中國軍隊也懼戰退卻，基於軍隊榮譽不能一退再退，決定以第 5 軍在平滿納與日軍作戰。

（一）平滿納會戰的部署與放棄

　　3 月 27 日同古作戰漸趨不利時，為策應在普羅美的英軍，蔣中正決心

91 「蔣中正日記」，1942 年 3 月 31 日，史丹福大學胡佛研究所藏。
92 「蔣中正日記」，1942 年 4 月 1 日，史丹福大學胡佛研究所藏。
93 史迪威（Joseph W. Stilwell）著，林鴻譯，《史迪威日記》（哈爾濱：北方文藝出版社，2014 年），頁 75。

將第 5 軍主力部署在平滿納周邊地區，伺機與日軍決戰。[94] 以杜聿明專任平滿納會戰指揮官，羅卓英擔任遠征軍作戰指揮。[95] 總預備隊由防衛曼德勒的新 38 師及第 5 軍特務營擔任。[96] 當面之敵為日軍第 55 師團主力並有戰機支援。東翼第 6 軍暫 55 師概在毛奇、羅衣考、棠吉成縱深配置以掩護側翼。主力第 49、第 93 師在薩爾溫江及景東的泰緬邊境，正面廣闊，兵力分散，當面之敵為日軍第 56 師團。西翼英緬第 1 軍自 4 月 1 日普羅美失陷後，英緬第 1 師第 1 旅及英印第 17 師在阿蘭廟以南部防，英緬第 1 師師部及第 2 旅在阿蘭廟以西約 5 公里處，其第 13 旅則由毛奇轉道輸送中，裝甲第 7 旅位置在阿蘭廟以北。[97] 西翼英軍比較集中，概在伊洛瓦底江方面，當面之敵為日軍第 33 師團。

　　第 200 師在新 22 師的掩護下，順利從同古轉進，第 5 軍主力於 4 月 16 日完成平滿納決戰的準備。[98] 然而要順利執行會戰，除遠征軍本身的因素外，重要的是英軍能否在伊洛瓦底江方面抵擋日軍的攻勢，以掩護國軍西路安全。為此，蔣中正在 4 月初赴緬甸處理史迪威指揮權問題時，另一件要事就是與亞歷山大協商防務事宜。

　　蔣中正對平滿納會戰最初的構想（圖 7），是希望英軍能固守普羅美，與遠征軍在平滿納構成相互策應的防線，但英軍卻於 4 月 1 日從普羅美撤退。為了彌補防線缺口，蔣中正遂建議亞歷山大在普羅美北方約 60 公里的

---

94 「蔣中正電林蔚擬在平滿納附近相機決戰與普羅美相互策應」（1942 年 3 月 27 日），〈革命文獻—同盟國聯合作戰：遠征軍入緬（一）〉，《蔣中正總統文物》，國史館藏，數位典藏號：002-020300-00019-034。

95 國防部史政編譯局編，《抗日戰史：滇緬路之作戰》（臺北：國防部史政編譯局，1982 年，再版），頁 52。

96 國防部史政編譯局編，《抗日戰史：滇緬路之作戰》（臺北：國防部史政編譯局，1982 年，再版），頁 49。

97 國防部史政編譯局編，《抗日戰史：滇緬路之作戰》（臺北：國防部史政編譯局，1982 年，再版），頁 41。

98 「我遠征軍入緬作戰一般經過」，〈滇緬路作戰〉，《國防部史政編譯局》，國家發展委員會檔案管理局藏，檔號：B5018230601/0031/152.2/2196.2/001/001/0071。

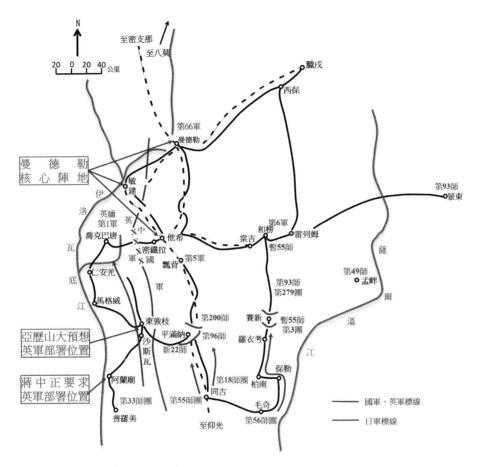

圖 7：會戰部署及東路作戰示意圖

資料來源：王懷慶製，改繪自國防部史政編譯局編，《抗日戰史：滇緬路之作戰》（臺北：國防部史政編譯局，1982 年，再版），第四篇第二十六章第三節插圖十。

阿蘭廟周邊構築陣地。但是亞歷山大當時一心想將英緬軍直接撤退到仁安羌，確保油田安全。[99] 因此他向蔣中正表示，阿蘭廟周邊的森林地形不但有礙於機甲部隊的戰力發揮，更不適於編組防禦陣地。亞歷山大認為英軍最佳的陣地位置，是阿蘭廟北方 80 公里的東敦枝。此地區除了地形開闊，適合

99　哈羅德・亞歷山大（Harold Alexander）著，劉衛國等譯，《亞歷山大元帥戰爭回憶錄》（北京：解放軍出版社，2014 年），頁 103。

戰車部隊作戰，同時也可遠離充滿親日緬民的地區。亞歷山大也提出警告，英軍若不撤出阿蘭廟，恐有被日軍包圍之虞。他甚而要求遠征軍應派遣一個師兵力至東敦枝附近，以策應英軍東翼安全。對於亞歷山大的要求，蔣中正當面予以拒絕，並控訴英緬軍面對日軍攻勢往往選擇不戰而退，若此狀況未獲得改善，遠征軍的支援將無多大意義。對於蔣中正的質疑，亞歷山大首先說明英軍並非故意不戰而退，而是兵力有限，實已盡最大的努力。他接著表示，如果無法獲得支援，則不惜將英軍撤出緬甸。[100]

對於亞歷山大的表態，蔣中正一開始並未選擇讓步，而是徵詢史迪威意見並交付責任說服亞歷山大。他要求史迪威再次向亞歷山大重申立場，要求英方所提承諾必須具體，而非空泛保證盡最大努力。假設英軍再次不戰而退，則我方的支援將毫無意義。對此，史迪威一方面表示本身也對英軍的承諾失去信心，但另方面又建議蔣中正支持亞歷山大。[101] 在幾經考量之下，蔣中正最終還是選擇妥協，於 4 月 7 日按亞歷山大所請，宣布第 5 軍第 96 師開赴英軍作戰地境沙斯瓦，支援英軍在東敦枝方面的作戰。[102]

蔣中正轉變態度的緣由，主要在於不讓英美兩國存有國軍畏戰的想法，避免損及軍譽。其實同古作戰之後，蔣中正就已經開始對是否繼續在緬甸用兵產生猶疑。4 月初，他二度入境緬甸，再次親歷緬甸英政府的無力和英軍的疲弱，更加懷疑國軍繼續在緬甸作戰的意義。但是幾經權衡，還是將中國國際地位與軍隊榮譽列入首要考量，決定與日軍「周旋到底」。[103] 緬甸作戰的本質，已從軍事問題提高到影響國家聲譽的政治問題。真正的現實問題，遠征軍必須殲滅日軍反攻仰光，方可維持滇緬公路的海運暢通。至少確保曼

---

100 周美華編，《蔣中正總統檔案：事略稿本》，第 49 冊（臺北：國史館，2011 年），頁 53。

101 周美華編，《蔣中正總統檔案：事略稿本》，第 49 冊（臺北：國史館，2011 年），頁 62-63。

102 周美華編，《蔣中正總統檔案：事略稿本》，第 49 冊（臺北：國史館，2011 年），頁 74。

103「蔣中正日記」，1942 年 4 月 11 日，上星期反省錄，史丹福大學胡佛研究所藏。

德勒，打通中印公路另開補給線。英軍則避免決戰，保存戰力撤退到印度，集中兵力防衛最大的殖民地安全。中英戰略目的南轅北轍，作戰目標反向而行，不可能有協調連繫的聯盟作戰。

　　面對英軍的消極，蔣中正已有獨自作戰的準備。他在 4 月 15 日告訴羅卓英，英軍必「不待我軍在平曼勒〔平滿納〕決戰，而自動放棄其現在陣地，以向伊洛瓦〔底〕江西岸撤退無疑。」[104] 為預防英軍不戰而退，特別將後方根據地從原先的緬甸北方改為東北方，納入第 6 軍作戰地境內，確保在狀況不利時，能沿補給線向後方轉進。不幸的是，戰況發展確如蔣中正所料，西翼英軍面對日軍的攻勢，再次選擇放棄陣地，未交戰就向後轉進。[105]

　　然而，西翼英軍的不戰而退尚在預期，真正令蔣意料之外的是，東路第 6 軍防線遭日軍突入。蔣中正 4 月 7 日才剛決定遠征軍後方根據地的安全交由第 6 軍負責，隔日召見相關人員，才知道第 6 軍並未在同古失陷後破壞經毛奇通往棠吉的道路。蔣中正立刻對第 6 軍軍長甘麗初面授機宜，並令其迅速返回駐防地處置，但仍相當擔心東路的安全。10 日蔣中正離開臘戍返回重慶，半途中即在昆明發出手諭給羅卓英，表示對第 6 軍的毫無作為表示憂心，並指示要加以注意。[106] 實際上，遠征軍完成平滿納會戰部署時，不僅第 6 軍持續敗退中，東路日軍第 56 師團主力推進至羅衣考，嚴重威脅我後方補給線安全。4 月 18 日 3 時，羅卓英接獲我派駐英方的連絡參謀報告，西翼英軍毫無戰鬥力，全軍已向後撤。遂以第 5 軍東西兩翼都受到威脅，乃令第 5 軍放棄平滿納會戰計畫，並限翌（19）日拂曉以前開始轉移，改守密鐵

104「蔣中正條諭羅卓英英軍必撤伊洛瓦江西岸國軍應速定單獨作戰新計畫」（1942 年 4 月 15 日），〈革命文獻—同盟國聯合作戰：遠征軍入緬（二）〉，《蔣中正總統文物》，國史館藏，數位典藏號：002-020300-00020-003。

105 日本防衛廳防衛研修所戰史室編著，曾清貴譯，《緬甸攻略作戰》，日軍對華作戰紀要叢書（44）（臺北：國防部史政編譯局，1997 年），頁 506。

106「蔣中正條諭史迪威羅卓英杜聿明平滿納作戰策略」（1942 年 4 月 10 日），〈革命文獻—同盟國聯合作戰：遠征軍入緬（一）〉，《蔣中正總統文物》，國史館藏，數位典藏號：002-020300-00019-047。

拉、敏建（Myingyan）之線，準備曼德勒會戰。[107] 此時的曼德勒會與初始的曼德勒會戰，在力空時的條件與作戰計畫完全不同。已經不是引敵深入，後退決戰的決戰殲敵部署。

（二）曼德勒會戰的部署與放棄

　　遠征軍在準備平滿納會戰時，預擬會戰不利時的備案將轉進曼德勒與日軍決戰。作戰構想分別以第5、第6軍及英軍各以一部配置於他希、曼德勒、敏建等三地，形成核心地帶（圖7），蔣中正認為中英雙方若能在此三點彼此相互支援，緬甸戰局的勝算仍有可期。係考量先前在仰光失守後所策劃的「曼德勒會戰」，經由同古激戰和即將展開的平滿納會戰，戰場情勢和時空因素都產生變化，初始的構想已不可行。遂重新調整曼德勒會戰為固守三點互相支援，第5、第6兩軍主力及英軍戰車旅則以三角點為根據地，視戰機實施反擊。調整的原因在取得至少兩星期時間，則工事構築、兵員補充與彈藥補給均可初步完成。[108] 說明遠征軍計算平滿納會戰可能的戰損，必須爭取兩星期的整補時間以恢復戰力，才有攻勢決戰的條件。因此在兵力部署上調整為「先守後攻」。

　　4月20日，東翼日軍第56師團增配強大的戰車、砲兵、工兵及汽車運輸部隊，從毛奇北上占領羅衣考，繼以戰車繞越攻擊國軍後方陣地。是處地形平坦，僅有矮樹疏林，機械化部隊暢行無阻，致國官兵傷亡奇重，陣地被日軍突破。[109] 日軍節節突破毛奇、羅衣考各陣地後（國軍逐次抵抗），繼續

---

107 國防部史政編譯局編，《抗日戰史：滇緬路之作戰》（臺北：國防部史政編譯局，1982年），頁53。

108「蔣中正電復宋子文對摩根索不滿我先行發表借款用途一事表示我國之立場與獨立之地並手擬今後敵軍如繼續向平曼勒進攻時我軍作戰之方針為第五軍在平曼納現地予敵以重大打擊後其主力應逐次北移他希附近地區及第六軍主力集結瓦城附近另分一部固守敏揚等」（1942年4月17日），〈事略稿本—民國三十一年四月〉，《蔣中正總統文物》，國史館藏，數位典藏號：002-060100-00163-017。

109 國防部史政編譯局編，《抗日戰史：滇緬路之作戰》（臺北：國防部史政編譯局，1982

向北猛進，目標指向和榜（Hopong）、棠吉和雷列姆。（圖 7）

　　棠吉與雷列姆附近地區為第 5、第 6 兩軍的結合部，4 月 21 日，羅卓英令杜聿明親率第 200 師前往鞏固棠吉。10 時許，日軍先頭機械化部隊攻擊和榜地區第 6 軍所轄陣地。下午以 1 個步兵大隊的兵力，附步兵砲 4 門，裝甲車 4 輛及戰車 6 輛，在飛機 4 架掩護下，猛烈攻擊我主陣地，國軍沉著應戰，敵未得逞。是夜，日軍在和榜以極為頻繁的多數車輛，轉向棠吉，另有 30 餘輛滿載部隊的運輸車，增援和榜，國軍則連夜破壞道路及構築工事。[110] 第 200 師幾經激戰奪回棠吉，但日軍第 56 師團主力已在 24 日攻陷棠吉北方的雷列姆，切斷東翼第 6 軍所轄第 49、第 93 兩師向曼德勒集中參加會戰的路線。造成第 5 軍及第 6 軍處於分離狀態，蔣中正意識到態勢不利，從日軍的動向足以判明即將北上奪取臘戍，截斷國軍通往國境的補給線，即條諭林蔚要有應急準備：「萬一腊戍〔臘戍〕被陷，則第五、第六十六各軍之後方聯絡綫，可以密支那〔Myitkyina〕与八莫为基地，第六軍应以景东〔景東〕、車里为後方基地。」[111] 預為決定臘戍失守的輔助補給線並選定後勤基地，為不得已時各軍撤回國境的路線。

　　日軍第 56 師團從東翼突破國軍防線後，趁國軍兵力空虛之際，部隊以車輛機動分別指向西保與臘戍。4 月 24 日 15 時，遠征軍長官部電令指示：「敵以卡車四百餘輛〔按：以卡車數量可概估日軍兵力約 8,000 餘人〕，組成快速部隊越過雷列姆企圖進攻臘戍。我第二百師已進出於棠吉附近，新編第二十八師分由臘戍、西保南進，合擊來攻之敵。該軍應迅調第九十三師及第四十九師兩部兵力，由東南向西北擊敵側背。暫編第五十五師即向羅衣

　　年，再版），頁 58。

110 國防部史政編譯局編，《抗日戰史：滇緬路之作戰》（臺北：國防部史政編譯局，1982
　　年，再版），頁 59。

111「蔣中正條諭林蔚雷列姆如果失陷臘戍應有應急準備」（1942 年 4 月 24 日），〈革命文
　　獻—同盟國聯合作戰：遠征軍入緬（二）〉，《蔣中正總統文物》，數位典藏號：002-
　　020300-00020-015。

考、賽新間攻擊，斷敵後路，並與第二百師連絡。」[112] 羅卓英調派 5 個師，以外線作戰指導實施包圍攻擊，準備集中兵力殲滅日軍第 56 師團。蔣中正更電令第 66 軍軍長張軫（1894-1981）務必到臘戍親自督戰，以提升作戰效能。[113] 外線作戰成功的主要條件有三：「一、兵力優勢，二、各兵團行動配合，三、各兵團連續攻勢之壓力。」[114] 就兵力優勢，緬戰時期的敵我戰力比，遠征軍集中 3 個師可以對抗日軍 1 個師團，5 個師可以採取戰略攻勢。日軍在東翼突穿國軍陣地的部隊雖然只有第 56 師團 1 個師，但增配戰車、工兵各 1 個聯隊，野戰重砲 2 個大隊、獨立速射砲 2 個中隊，另以汽車 1 個大隊加強步兵的機動力，並獲得戰機支援。[115] 此時日軍第 56 師團，已經編成兵種協同作戰的強大機械化兵團，並擁有空優。其打擊力、機動力、火力，均非遠征軍 5 個沒有戰車火砲的純步兵師的各自為戰所能及，戰力無優勢。[116] 在行動配合上，部隊臨時抽調，計畫未必周詳，通信裝備不足，協調連繫欠佳，行動難以配合。至於連續攻勢的壓力，作戰地區多山，道路稀少，各師分路攻擊，在時空上難以產生相互協調的連續攻勢壓力。遠征軍長官部在大軍作戰的指揮節度堪稱穩健，外線作戰指導並無錯誤，但成功條件不足，尤其戰力差距甚大，難以支持戰略戰術的作為，未能殲滅日軍。

　　4 月 28 日，蔣中正電林蔚請轉告史迪威、羅卓英：「速調瓦城〔曼德勒〕有力部隊增援臘戍〔臘戍〕方面，⋯⋯此時保守臘戍〔臘戍〕為第一，而瓦

---

112 國防部史政編譯局編，《抗日戰史：滇緬路之作戰》（臺北：國防部史政編譯局，1982年，再版），頁 65。

113 「蔣中正電令張軫在臘戍嚴督所部奮勇殺敵及軍特屬隊留臘參戰」（1942 年 4 月 27日），〈籌筆—抗戰時期（四十七）〉，《蔣中正總統文物》，國史館藏，數位典藏號：002-010300-00047-062。

114 陸軍總司令部編訂，《大軍指揮綱要》（臺北：國防部，1967 年），頁 63。

115 日本防衛廳防衛研修所戰史室編著，曾清貴譯，《緬甸攻略作戰》，日軍對華作戰紀要叢書（44）（臺北：國防部史政編譯局，1997 年），頁 518-519。

116 敵我戰力比 1:3，但必須 1 個軍的 3 個師集中使用才能對抗日軍 1 個師團。緬甸東部多山，部隊運動對道路的依賴性高，協調連繫困難，不利大軍發揮統合戰力。

城〔曼德勒〕之得失無甚關係也」，[117] 準備在臘戍與敵決戰，確保退路安全。惟此際臘戍將陷，電臺移動，致此電未能轉出。日軍以陸、空聯合作戰於29日攻占臘戍，主要補給線被敵截斷，不得不放棄曼德勒會戰。當4月24日雷列姆失陷，蔣中正即指示補給線及後方基地重新調整，對爾後可能退卻的路線及後勤基地先作準備。至29日臘戍失守，部隊已有5天時間策劃攻防及準備撤退，係決定放棄會戰後，得以順利脫離戰場的主要原因。使日軍企圖以有力兵團切斷臘戍方面的遠征軍退路，包圍兩翼，壓迫擊滅遠征軍於曼德勒以西至依洛瓦底江地區的計畫落空。[118]

五、解圍作戰：仁安羌以寡擊眾

　　4月1日英軍自普羅美撤退後，亞歷山大真正的盤算，是直接退到仁安羌。這個構想正好吻合日軍曼德勒會戰計畫中，交付日軍第33師團沿伊洛瓦底江北進，攻略仁安羌油田，進而捕殲中英聯軍的任務。[119] 第33師團長櫻井省三（桜井省三，1889-1985）的作戰構想，是沿伊洛瓦底江編成三路，以作間部隊為「超越追擊部隊」截斷英軍退路，原田部隊及荒木部隊為「直接追擊部隊」，緊隨英緬第1師實施陸、空攻擊，從南北兩面夾擊全殲英軍。為了達成這個構想，櫻井省三將所轄三個步兵聯隊都編成可獨立作戰的聯合兵種特遣隊。分別是以第214聯隊為主的「作間部隊」、第215聯隊為主的「原田部隊」，以及第213聯隊為主的「荒木部隊」。各特遣隊除了原建制的主戰裝備外，另增配山砲、工兵、高射砲、速射砲、輕裝甲車隊、衛

117「蔣中正電林蔚請轉告史迪威羅卓英速調瓦城有力部隊增援臘戍以保守臘戍為第一瓦城之得失無甚關係」（1942年4月28日），〈遠征入緬（三）〉，《蔣中正總統文物》，國史館藏，數位典藏號：002-090105-00008-031。

118 日本防衛廳防衛研修所戰史室編著，曾清貴譯，《緬甸攻略作戰》，日軍對華作戰紀要叢書（44）（臺北：國防部史政編譯局，1997年），頁467。

119 日本防衛廳防衛研修所戰史室編著，曾清貴譯，《緬甸攻略作戰》，日軍對華作戰紀要叢書（44）（臺北：國防部史政編譯局，1997年），頁502。

生隊等。4 月 16 日半夜，作間部隊進入距離仁安羌東方約 5 公里處，探知部分英軍已退卻至賓河（Pinchaung River）以北並擁有戰車，遂決定將兵力分成兩路，切斷賓河南北兩岸幹道。作間部隊分進後，在南北兩岸分別虜獲英軍後勤部隊約 80 人及 200 人，並確認英軍戰鬥部隊主力正從南向北退卻中，尚未通過仁安羌。[120] 為擊破即將退卻而來的英軍主力，作間部隊將所屬第二大隊及直轄部隊配置在仁安羌東北角作為主要陣地。[121] 北岸由第三大隊固守，防止聯軍從北方南下增援。第一大隊則於 18 日傍晚自伊洛瓦底江歸建，參與 19 日作戰。

英緬第 1 師雖然兵力優勢並有戰車支援，但自普羅美之線向北撤退沿途不敵日軍攻勢，不斷受到日軍的陸、空攻擊，加以天氣酷熱，人員疲憊，傷亡增加。退至仁安羌前，又因退路被截斷，後勤部隊已先行渡河北上使得英軍陷於糧彈俱盡、飲水絕源的苦境，危急萬分。[122] 賓河北岸的英軍僅存殘餘的步兵連及少數裝甲旅戰車，不足以執行解圍任務。再加上仁安羌附近地形高低起伏，錯綜複雜，又因侵蝕作用形成地隙、溝壑，不但使得戰車越野受到限制，也成為日軍反戰車戰鬥的絕佳地形。[123] 地形限制戰車的運用，加以補給中斷，乾旱缺水，戰力急遽下降，英緬第 1 師全部及戰車營一部，遂為日軍包圍於仁安羌以北、賓河以南地區。

此前，4 月 14 日晨，亞歷山大鑒於英軍被日軍步步緊逼情況危急，要求國軍迅速增援，羅卓英於傍晚命令新 38 師第 113 團前往喬克巴唐（Kyaukpadaung），歸英緬軍第 1 軍團軍團長斯利姆指揮，編制部隊轄英緬軍第 1 師、英印第 17 師及裝甲第 7 旅，兵力等同國軍的軍級部隊，因此以

---

120 日本防衛廳防衛研修所戰史室編著，曾清貴譯，《緬甸攻略作戰》，日軍對華作戰紀要叢書（44）（臺北：國防部史政編譯局，1997 年），頁 507。

121 日本防衛廳防衛研修所戰史室編著，曾清貴譯，《緬甸攻略作戰》，日軍對華作戰紀要叢書（44）（臺北：國防部史政編譯局，1997 年），頁 508。

122「我遠征軍入緬作戰一般經過」〈滇緬路作戰〉，《國防部史政編譯局》，國家發展委員會檔案管理局藏，檔號：B5018230601/0031/152.2/2196.2/001/001/0098 至 0099。

123 日本防衛廳防衛研修所戰史室編著，曾清貴譯，《緬甸攻略作戰》，日軍對華作戰紀要叢書（44）（臺北：國防部史政編譯局，1997 年），頁 508。

下稱斯利姆為「軍長」。15 日，亞歷山大感到國軍一團兵力不足以解決當前困境，於是要求國軍加派援軍。羅卓英隨即增派新 38 師第 112 團開往納特曼克（Natmauk）支援該方面英軍作戰。支援英軍的兩團部隊並先後於 4 月 16、17 兩日到達各該指定地點。[124] 然而，由於英軍向後撤退的緣故，使得中央正面的第 5 軍西側背受到日軍第 55 師團威脅大增。所以，第 112 團雖然是以支援英軍作戰為由，進駐到英軍作戰地境線的範圍內（納特曼克），但實際上是掩護第 5 軍西側翼的安全，這也是第 112 團始終未參加仁安羌作戰的原因。

　　4 月 17 日中午，劉放吾受領斯利姆命令，前往仁安羌替英軍解圍，傍晚到達賓河北岸實施攻擊準備時，獲得英方輕戰車 12 輛及砲 3 門的支援。[125] 當即擬定團的攻擊計畫：團採兩併列，由團長率領第 1 營在左為主攻，第 2 營在右，第 3 營留作預備隊，採取三角形攻擊戰鬥群的部署，置重點在左，對當面日軍發起攻擊。[126] 18 日清晨，第 113 團依計畫在攻擊準備位置展開，即將發起攻擊時，斯利姆到達戰場巡視部隊，師長孫立人拂曉趕到，偕同前往督導。[127] 劉放吾指揮作戰，初期進展順利，戰鬥至 12 時許，擊潰當面日軍。當攻抵賓河北岸河濱，要再行擴張戰果之時，遭遇對岸日軍機槍、火砲編織的火網阻擊，加上受地形限制，不得不暫停攻擊。

　　4 月 18 日下午，敵我雙方都在進行再戰整備，中英盟軍最後的決心，是利用夜暗日軍視線不良之際實施渡河，以避免敵砲火攻擊。第 113 團攻擊的計畫概要是，4 月 19 日拂曉 5 時 30 分，向油田區發起攻擊，「**攻擊重點指向敵左翼**」，以兩營併列，第 2 營在右為主攻，第 1 營在左為助攻，第 3

124 「我遠征軍入緬作戰一般經過」，〈滇緬路作戰〉，《國防部史政編譯局》，國家發展委員會檔案管理局藏，檔號：B5018230601/0031/152.2/2196.2/001/001/0099。

125 國防部史政編譯局編，《抗日戰史：滇緬路之作戰》（臺北：國防部史政編譯局，1982 年，再版），頁 68。

126 劉偉民，《劉放吾將軍與緬甸仁安羌大捷》（上海：今日出版社，2007 年，第四版），頁 25。所載攻擊計畫為劉放吾團長的回憶。

127 關於仁安羌作戰指揮關係的詳細討論，參見本書第三章〈再探中國遠征軍仁安羌戰鬥詳報暨第 113 團替英軍解圍〉，頁 79-83。

營為預備隊。英軍戰車隊沿公路前進，協同步兵攻擊。砲兵隊主力優先支援第 2 營。[128]

4 月 19 日凌晨，第 113 團於 4 時 30 分利用夜暗掩護實施渡河，並在拂曉 5 時 30 分迫近敵人陣地發起攻擊，右翼部隊不久即占領日軍第一線陣地。然而，當主力逐漸進入山地時，戰事焦點向左翼第 1 營進攻之 501 高地轉移。日軍實施增援逆襲，對第 113 團既得陣地反覆爭奪，劉放吾斷然投入預備隊第 3 營，戰況甚為激烈，日軍傷亡枕藉，我第 3 營營長張琦（1910-1942）壯烈成仁。14 時，第 113 團攻克 501 高地後戰況逐漸順利，遂將油田區日軍完全擊潰。15 時左右，第 113 團再攻破日軍盤踞的敦貢村（Twingon），救出賓河南北兩岸被俘英軍，以及原在油田工作人員、眷屬等約 500 餘人，包含美國傳教士、新聞記者數人。隨後，第 113 團一面繼續肅清殘敵，一面固守要點、掩護英緬第 1 師逐次撤退。於是，英軍全部約 7,000 餘人，傍晚均獲解救，經由第 113 團東側，向賓河北岸陸續退出，該部英軍被救出時已潰不成軍，狼狽不堪。[129] 此戰，國軍以不足一團僅 800 餘人兵力擊潰優勢日軍，獲得勝利，救出被困英緬第 1 師全部，附騎、砲、戰車及馬匹千餘，含先前所救出者，總計 7,500 餘人平安脫險。

第 113 團在仁安羌解圍成功的事蹟，一時之間讓緬甸戰場成為盟國關注的焦點。不僅國內重慶《大公報》以頭條新聞報導，美國報紙咸以顯著的標

---

128 「第一次燕南羌戰鬥詳報（自四月十六日至二十一日由燕南羌至貴酉）」，〈新編第三十八師緬甸戰役戰鬥詳報〉，《國防部史政局和戰史編纂委員會》，中國第二歷史檔案館藏，檔號：787-11655，頁 29；國防部史政編譯局編，《抗日戰史：滇緬路之作戰》（臺北：國防部史政編譯局，1982 年，再版），頁 69。第 113 團攻擊計畫的詳細討論，參見本書第三章〈再探中國遠征軍仁安羌戰鬥詳報暨第 113 團替英軍解圍〉，頁 103-107。

129 國防部史政編譯局編，《抗日戰史：滇緬路之作戰》（臺北：國防部史政編譯局，1982 年，再版），頁 70；「第一次燕南羌戰鬥詳報（自四月十六日至二十一日由燕南羌至貴酉）」，〈新編第三十八師緬甸戰役戰鬥詳報〉，《國防部史政局和戰史編纂委員會》，中國第二歷史檔案館藏，檔號：787-11655，頁 30。

題，登載華軍克復伊洛瓦底江仁安羌油田及救出英軍的消息。[130] 除了媒體的宣傳，羅卓英在 4 月 20 日向蔣中正回報戰果時稱：「**現據孫師長皓〔19 日〕未〔時〕报称，劉團經兩畫夜激戰，佔領彥南揚〔仁安羌〕，救出被圍英緬軍第一師七千餘人……。查孫师劉團作战努力，除獎勵外，謹闻。**」[131] 蔣得知後，特別在日記中提醒自己要「**電獎劉團長**」。[132] 隔日，蔣中正親擬電稿發給羅卓英等，「**我第一一三團在葉南陽〔仁安羌〕激战以後，救出友軍數千名，并克復葉南陽〔仁安羌〕重鎮，殊堪嘉慰。……望即將陣亡官兵姓名詳報，以憑敘勳，尚希通令所部，再接再勵，奮勇致果，以竟全功，用副厚望。**」[133] 對第 113 團的戰果予以肯定。

六、撤退

　　蔣中正決心放棄曼德勒之後，一度對遠征軍能夠安全撤離緬甸保持高度樂觀。他在 4 月 30 日的日記中寫下「我軍退守新維〔Hsenwi，新威〕，中路第五軍主力已渡伊洛瓦底江北岸『薩多和叔』附近布防，……如此我主力部隊與第五軍機械化部隊不致損失，此心為之一慰。」[134] 之所以如此安心，是因為他認為臘戍雖然淪陷，但遠征軍並未被日軍包圍。因為第 5 軍（欠第 200 師並增加新 38 師）已經渡過伊洛瓦底江，基本上是克服了向密支那撤退的最大障礙。按照正常作法，渡江之後的第 5 軍應該要破壞橋樑以遲滯

130 劉偉民，《劉放吾將軍與緬甸仁安羌大捷》（上海：今日出版社，2007 年，第四版），頁 14-15。

131 「羅卓英電蔣中正報告劉放吾團經激戰占領仁安羌救出被圍英緬軍第一師並由敵人手中奪獲英方車輛其作戰努力請給予獎勵」（1942 年 4 月 20 日），〈遠征入緬（一）〉，《蔣中正總統文物》，國史館藏，數位典藏號：002-090105-00006-005。

132 「蔣中正日記」，1942 年 4 月 20 日，史丹福大學胡佛研究所藏。

133 「蔣中正電史迪威羅卓英國軍第一一三團克復葉南陽重鎮殊堪嘉慰望詳報陣亡官兵以憑敘勳」（1942 年 4 月 21 日），〈革命文獻—同盟國聯合作戰：遠征軍入緬（二）〉，《蔣中正總統文物》，國史館藏，數位典藏號：002-020300-00020-011。

134 「蔣中正日記」，1942 年 4 月 30 日，史丹福大學胡佛研究所藏。

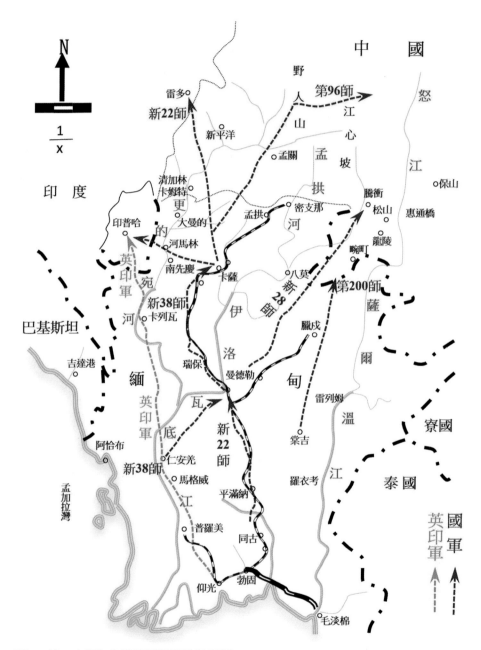

圖 8：第一次緬甸作戰盟軍撤退路線要圖

資料來源：王懷慶製，改繪自齊錫生，《劍拔弩張的盟友：太平洋戰爭期間的中美軍事合作關係（1941-1945）》（臺北：中央研究院、聯經出版事業公司，2012 年，修訂版），頁 103。

日軍的攻勢，其次是可以利用曼德勒到密支那的鐵路實施運輸，快速脫離戰場。如此，在敵我機動速度消長之下，第 5 軍應該可以在撤退路線被截斷前，順利退回國境而不至於有所損失。然而，狀況的發展再度超乎蔣中正的預判，日軍占領臘戍後持續向北推進，兩日內就突破了遠征軍新的陣地。蔣中正此時意會到「戰況至此，極為嚴重」，[135] 因為日軍最終目標並不只是臘戍，而是要直取畹町、八莫及密支那，澈底斷絕遠征軍的撤退路線。（圖 8）於是蔣中正隨即嚴令遠征軍「主力速向密支那与片馬方向移動，勿得延误」。[136]

　　臘戍失陷後，遠征軍長官部已先在 4 月 30 日下令要求第 5 軍各部向北方撤退。[137] 第 5 軍受令後，隨即開始行動，但狀況發展卻不如預期。首先，羅卓英的長官部在 5 月 2 日實施鐵路運輸時，竟在曼德勒以北約 40 公里的瑞保（Shwebo）發生撞車事件，造成鐵路運輸中斷。[138] 雖然當天隨即修復，但瑞保以北鐵道、車站又被日軍炸毀，[139] 英方鐵路人員奉令西撤，輸送停止。[140] 而在公路方面，從瑞保開始至因道（Indaw）都是迴繞林中的牛車小道路，過去又顯少有車通行。[141] 杜聿明僅能要求各師以徒步交互掩護撤

135「蔣中正日記」，1942 年 5 月 1 日，史丹福大學胡佛研究所藏。

136「蔣中正電林蔚國軍主力速向密支那與片馬移動」（1942 年 5 月 1 日），〈革命文獻—同盟國聯合作戰：遠征軍入緬（二）〉，《蔣中正總統文物》，國史館藏，數位典藏號：002-020300-00020-030。

137〈第五軍緬甸戰役戰鬥詳報〉，收入中國第二歷史檔案館編，《滇緬抗戰檔案》，上冊（北京：中國文史出版社，2018 年），頁 120。

138 杜聿明，〈中國遠征軍入緬對日作戰述略〉，收入中國人民政治協商會議全國委員會文史資料委員會《遠征印緬抗戰》編審組編，《原國民黨將領抗日戰爭親歷記：遠征印緬抗戰》（北京：中國文史出版社，1990 年），頁 32。

139「林蔚呈緬甸戰役作戰經過及失敗原因與各部優劣評判報告書第二冊下」（1942 年 9 月 30 日），〈緬甸戰役得失評判（三）〉，《國民政府》，國史館藏，數位典藏號：001-072620-00003-001。

140〈第五軍緬甸戰役戰鬥詳報〉，收入中國第二歷史檔案館編，《滇緬抗戰檔案》，上冊（北京：中國文史出版社，2018 年），頁 121。

141〈第五軍緬甸戰役戰鬥詳報〉，收入中國第二歷史檔案館編，《滇緬抗戰檔案》，上冊（北京：中國文史出版社，2018 年），頁 122。

退，部分以汽車分段利用牛車小道轉運，相當耗日費時。

　　5月3日，日軍即將占領八莫。遠征軍長官部認為第5軍應該就近從卡薩（Katha）向西進入印度境內，直接脫離緬甸戰場。第113團在仁安羌戰勝後於向北撤出途中，6日團長劉放吾奉杜聿明召見面命，派往卡薩占領陣地，戒備八莫方向，以掩護第5軍撤退，10日與渡江來襲之敵發生激戰予以重創。[142] 劉團達成任務後被日軍追擊進入野人山（Kachin Hills），輾轉於窮山絕谷無路可走，幾經斷糧，在黑夜穿越日軍封鎖線。再多次與敵遭遇受機槍掃射與轟炸，幸能安全渡過。[143] 又在河馬林（Homalin）受敵裝甲車阻擊，至5月底轉戰至南先慶（Nawngsankyim），於敵人砲艇追尋搜索下，泅泳橫渡更的宛河（Chindwin River）向西轉進退入印度。[144] 劉放吾對率團從仁安羌、卡薩經野人山、南先慶轉進到印度的艱險歷程留下親筆手稿，題為「仁安羌」痛殲日寇記：最光榮的一團，最後離出戰場！[145] 前者仁安羌義救英軍，後者指掩護大軍撤退孤軍殿後。

　　再探長官部命第5軍進入印度的理由，就敵我機動時空因素來算，日軍有可能早於國軍占領八莫；另一方面因為列車撞車事件，英方已將鐵路人員全數撤離，輸送停止。但這個方案立刻遭到杜聿明反對，理由是「我軍戰敗入印，將為英人所不齒，擬仍向密支那轉進，與由畹町犯密支那之敵決一死戰」。[146] 蔣中正得知後，也否定了遠征軍入印的方案。他認為遠征軍必須回到中國境內，因為英國人可能會侮辱從緬甸撤退的遠征軍，勒令他們繳

142 國防部史政編譯局編，《抗日戰史：滇緬路之作戰》（臺北：國防部史政編譯局，1982年），頁90。

143 劉放吾手記，引自劉偉民，《劉放吾將軍與緬甸仁安羌大捷》（香港：今日出版社，2007年，第四版），頁47。

144 國防部史政編譯局編，《抗日戰史：滇緬路之作戰》（臺北：國防部史政編譯局，1982年），頁97。

145 劉偉民，《劉放吾將軍與緬甸仁安羌大捷》（香港：今日出版社，2007年，第四版），頁45。

146〈第五軍緬甸戰役戰鬥詳報〉，收入中國第二歷史檔案館編，《滇緬抗戰檔案》，上冊（北京：中國文史出版社，2018年），頁121。

械。[147] 因此，蔣認為這是史迪威在心神不寧狀態下所做出的決定。[148] 5 月 7 日，蔣中正直接電促杜聿明，要第 5 軍儘速向密支那轉進，[149] 但密支那隨即在 8 日淪陷於日軍。此時第 5 軍尚在卡薩及因道之間，僅到達路程的一半，不僅沒有脫離包圍圈，甚至目的地都為敵所占。

密支那失陷後，蔣中正原先並不強制律定第 5 軍轉進路線，他只告訴杜聿明，爾後行動務必謹慎，不可急躁，要詳細偵察道路及敵情後再行前進，[150] 以後作戰預定之計畫與行進道路，自行相機決定即可，不必再請示。[151] 有了蔣中正的授權，杜聿明決心將部隊區分為四路前進，計畫經野人山轉進回國。但隔日蔣中正立即改變心意，他指示第 5 軍行進的範圍必須控制在緬甸境內，主力可以沿印緬邊境行動，在河馬林、大曼的（Tamathe）及清加林卡姆特就地實施給養，並嚴令非受命令不得進入印度。[152]

然而，第 5 軍卻並未完全遵照沿印緬邊境機動的指示，除新 38 師依長官部建議西進印度外，第 5 軍原屬部隊均按照原案進入野人山區返回國境。本來根據杜聿明的自我評估，第 5 軍自曼德勒轉進初期尚稱「部隊整齊、士氣旺盛」，即便在途中遭遇日軍襲擊，都還能有信心予以還擊。[153] 但因為雨

---

147 齊錫生，《劍拔弩張的盟友：太平洋戰爭期間的中美軍事合作關係（1941-1945）》（臺北：中央研究院、聯經出版事業公司，2012 年，修訂版）頁 125。

148「蔣中正日記」，1942 年 5 月 6 日，史丹福大學胡佛研究所藏。

149「蔣中正電令杜聿明速率緬北各部向密支那片馬轉進」（1942 年 5 月 7 日），〈籌筆—抗戰時期（四十八）〉，《蔣中正總統文物》，國史館藏，數位典藏號：002-010300-00048-016。

150「蔣中正電史迪威羅卓英國軍行軍作戰要領」（1942 年 5 月 9 日），〈革命文獻—同盟國聯合作戰：遠征軍入緬（二）〉，《蔣中正總統文物》，國史館藏，數位典藏號：002-020300-00020-039。

151「蔣中正電杜聿明可相機處理作戰計畫與行進道路並防被敵偵悉我電報」（1942 年 5 月 11 日），〈親批文件—民國二十八年一月至民國五十九年八月〉，《蔣中正總統文物》，國史館藏，數位典藏號：002-070100-00046-061。

152「蔣中正電杜聿明本人命令國軍勿入印度境內」（1942 年 5 月 15 日），〈革命文獻—同盟國聯合作戰：遠征軍入緬（二）〉，《蔣中正總統文物》，國史館藏，數位典藏號：002-020300-00020-050。

153「杜聿明致蔣介石電」（1942 年 5 月 9 日），〈中國遠征軍第一路入緬作戰文電〉，收入中

季造成山道泥濘不堪，使得重裝備武器與騾馬通行困難，臨時改為徒步，部隊整體行動相當遲緩。5 月 14 日之後，第 5 軍更加深入山區，車輛已無法通行，入夜後便將車輛、火砲焚毀丟棄。[154] 而野人山及高黎貢山森林蔽天、蚊蚋成群，潮濕特甚，螞蝗、蚊蟲以及千奇百怪爬蟲處處皆是。期間，各種傳染疾病在第 5 軍各部隊中蔓延流行，破傷風、瘧疾、回歸熱使得官兵死亡累累、沿途屍骨遍野，景況慘絕人寰。[155] 道險山阻的惡劣環境，對第 5 軍的人員武器裝備造成莫大的傷害，讓杜聿明原本想與日軍決戰的條件喪失殆盡。5 月底，蔣中正才同意第 5 軍向印度邊境轉進。[156] 直到 8 月初，第 5 軍才全部撤離緬甸，先後集結於印度和滇西。

　　根據統計，第 5 軍退卻轉進的死傷人數，遠超過作戰傷亡人數。入緬時，第 5 軍總兵力員額約 4 萬 2,000 餘人，其中戰鬥傷亡人數約 7,300 人，而撤退死傷人數竟達 1 萬 4,700 餘人，[157] 是戰鬥傷亡人數的兩倍之多，而這些損失還不包含當時尚稱精良的機械化裝備武器。舉凡大軍作戰執行退卻或轉進的目的不外乎有二：一是改變戰場上不利態勢，二是保存部隊有生戰力。遠征軍在 4 月中下旬連續放棄平滿納會戰與曼德勒會戰的目的，即是秉持此兩項用兵原則。蔣中正固然也不同意遠征軍進入印度，尚且選擇一條靠近邊境有道路可行的路線，並指定河馬林等三處可以就地實施給養的地方，

　　國第二歷史檔案館編，《滇緬抗戰檔案》，上冊（北京：中國文史出版社，2018 年），頁 48。

154〈第五軍緬甸戰役戰鬥詳報〉，收入中國第二歷史檔案館編，《滇緬抗戰檔案》，上冊（北京：中國文史出版社，2018 年），頁 125。

155 杜聿明，〈中國遠征軍入緬對日作戰述略〉，收入中國人民政治協商會議全國委員會文史資料委員會《遠征印緬抗戰》編審組編，《原國民黨將領抗日戰爭親歷記：遠征印緬抗戰》（北京：中國文史出版社，1990 年），頁 34。

156「蔣中正電杜聿明荷馬林已被日軍占領國軍應暫向印度邊境轉進」（1942 年 5 月 27 日），〈革命文獻—同盟國聯合作戰：遠征軍入緬（二）〉，《蔣中正總統文物》，國史館藏，數位典藏號：002-020300-00020-059。

157 杜聿明，〈中國遠征軍入緬對日作戰述略〉，收入中國人民政治協商會議全國委員會文史資料委員會《遠征印緬抗戰》編審組編，《原國民黨將領抗日戰爭親歷記：遠征印緬抗戰》（北京：中國文史出版社，1990 年），頁 34。

不排除留下不得已時進入印度的備案。但杜聿明在擬定退卻方案時，卻選擇條件最差、部隊運動最困難的路線。造成第 5 軍的人員損傷達三分之二，重裝武器也喪失殆盡，而最後還是迫於形勢，有一部分不得不退入印度境內。林蔚在調查報告中表示：「吾人寧願忍受有價值之戰鬥損失，不願忍受無價值之退卻損失」。[158] 杜聿明在多年後認為，此次撤退是「喪師辱國，罪無可恕」。[159]

　　中國抗日戰爭最大的動能為民族主義的覺醒，軍隊的榮譽感與志節軍風，而英軍的種族優越感讓官兵感受到退入印度將更受岐視。不願入印意見，以國軍戰敗入印，將為英人所不齒，可能受到侮辱勒令繳械，寧可與日軍決一死戰，最終決定翻山越嶺克服叢林返國。因雨季造成山道泥濘，重裝備無法通行，不得不捨丟棄車輛、焚毀火砲。主力穿越洪荒未闢的野人山區，歸途環境惡劣給養不及，疫疾傳染醫療幾無，遂為大自然所殤，犧牲不在戰損，殉於志節。

七、結語

（一）聯盟作戰各行其是

　　本章所探討者為遠征軍第一次進軍緬甸的作戰問題，聯盟作戰不在研究範圍。惟此役在聯盟架構下進行，由於中美英各國戰略目的不一致，造成軍事行動各行其是，影響作戰成敗至巨，略加說明以見概貌。

　　中國為確保由滇緬路經仰光從海運連接國際的唯一通道，編組遠征軍進

158「林蔚呈緬甸戰役作戰經過及失敗原因與各部優劣評判報告書第二冊下」（1942 年 9 月 30 日），〈緬甸戰役得失評判（三）〉，《國民政府》，國史館藏，數位典藏號：001-072620-00003-001。

159 杜聿明，〈中國遠征軍入緬對日作戰述略〉，收入中國人民政治協商會議全國委員會文史資料委員會《遠征印緬抗戰》編審組編，《原國民黨將領抗日戰爭親歷記：遠征印緬抗戰》（北京：中國文史出版社，1990 年），頁 34。

入緬甸協同英軍作戰。從英軍棄守仰光並未通知，同古作戰又接敵即走，蔣中正已經開始對是否繼續在緬甸用兵產生猶疑。但考量若從海路連結國際的通道被截斷，爾後只有從西北陸路經由蘇俄運補，難免受其挾持。因此，即使英軍缺乏作戰意志，也決定繼續留在緬甸作戰。他在平滿納會戰前已經判定英軍不會堅守陣地，將向伊洛瓦底江西岸撤退，為向美英展現作戰決心，仍準備堅決抵抗。而英軍正如所料，面對日軍攻勢，尚未交戰就向後轉進，造成遠征軍西翼受威脅，不得不放棄平滿納會戰。此後在日軍攻勢壓力下喪失主動，被迫退出戰場。

英軍自從毛淡棉失守，錫唐河戰敗，在日軍的攻勢指向仰光時已經沒有決戰意願，準備放棄緬甸。英方仍然抱持殖民主義，認為緬甸既使失去，戰爭勝利仍將歸其所有，遂決定集中兵力確保最大殖民地印度。綜觀亞歷山大在擔任緬甸戰區總司令期間，沒有進行過一次有組織、有計畫、稱得上發揮統合戰力的聯盟作戰。他到達仰光第二天就下達撤退的命令，決心如此快速應是政策已定，只要完成最後評估，即可退守印度。英軍棄守仰光並不通知遠征軍，爾後的協同作戰通常接敵即走。不排除利用國軍吸引日軍攻擊，以利撤退。自遠征軍主力在緬甸作戰後，日軍即視為優先擊滅目標，以期策應在中國的作戰，盡早脫離在華持久戰的泥淖。日軍攻擊重點轉移，英軍得以順利撤至印度。

美國的戰略目的在防止日本占領緬甸，其南部毛淡棉等機場可以控制安達曼群島周邊海域，亦可轟炸日本南方軍的後方地區，並可做為爾後盟軍反攻東南亞的基地。美軍並未派遣部隊入緬作戰，以史迪威擔任中國戰區參謀長，而其執行任務的位置，不在中國抗戰的指揮中樞重慶，卻到邊陲地區的緬甸指揮遠征軍作戰，意在作為取得全中國軍隊指揮權的起步。在英美「先歐後亞」的政策下，抗戰時期除陳納德（Claire L. Chennault, 1893-1958）率領「美國志願航空隊」（American Volunteer Group, AVG），即「飛虎隊」（Flying Tigers）支援中國之外，其他提供的資源乏善可陳。設定以中國自已支撐，拖住大量日軍，並無積極援華的打算，著眼於投入最小的代價獲取最大利益。

1942 年的緬甸戰場，中美英三方的戰略目的不同，前方將領各行其是。緬甸戰區總司令總司令亞歷山大在英方棄守政策下，到達緬甸戰區即不戰撤軍，帶領英軍向北退卻。史迪威到達緬甸則不按會戰計畫作戰，擅自改為前推同古進行決戰，準備再率部南下收復仰光。中英盟軍出現南北反方向作戰的分歧現像，足以說明當時的聯盟作戰沒有統一指揮，缺乏協調連繫，更沒有完整而可以發揮統合戰力的聯盟作戰計畫，是場有名無實，缺乏互信，排斥與猜疑的聯盟作戰。

（二）曼德勒會戰的詮釋

大軍作戰必須先期籌劃，充分準備，策訂「全程作戰構想」，據以統一幹部觀念，指導部隊行動。戰事一經啟動則應貫徹構想以掌握戰場主動。戰區規模的作戰，通常以會戰殲滅敵軍主力以取得勝利。遠征軍第一次緬甸作戰的戰史，並未見到與「全程作戰構想」及會戰有關的記載。從同古作戰奉命撤退以後，就在日軍攻勢壓力下匆促應戰，每次準備會戰，尚未穩定戰線，日軍即接踵而至，因側翼受威脅被迫轉移陣地。遠征軍作戰全程，從開戰就被迫撤退，直至退出戰場。所見均為師級，團級以下的激戰，是一場喪失主動的戰爭。遠征軍為國軍最精銳的部隊編成，主要幹部作戰經驗豐富。指揮大軍作戰不會疏漏策訂「全程作戰構想」，也不會沒有較具規模的作戰，戰史的彙編顯然有所遺漏，留下記史不完整的疑問。

從蔣中正的談話紀錄以及史迪威日記所見，發現仰光失陷後蔣中正已經重新策劃在緬甸作戰的「全程作戰構想」。以「曼德勒會戰計畫」為核心，訂下集中兵力設置口袋陣地，引敵深入，後退決戰的戰略指導。先在曼德勒附近擊滅日軍主力，再南下攻克仰光，重開滇緬公路。蔣中正並一再向史迪威說明實施要領及注意事項。史迪威獲得授權飛往緬甸指揮遠征軍作戰時，則違背蔣中正命令，將準備在曼德勒與日軍決戰的主力部隊第 5 軍，前推到同古的掩護陣地決戰。造成未能貫徹「全程作戰構想」，不按「曼德勒會戰計畫」指揮作戰，導致失去主動被迫退出戰場，為遠征軍第一次緬甸作戰失

利最主要的原因，是一場代價高昂的聯盟作戰。

（三）戰場官兵的表現

　　遠征軍第一次緬甸作戰，西翼第 113 團在團長劉放吾指揮下，於仁安羌以寡擊眾，戰勝數倍兵力的日軍第 214 聯隊，救出英緬軍第 1 師，轟動國內外，為盟軍在東南亞作戰的首開勝利。中央正面第 200 師在師長戴安瀾指揮下，同古一戰頓挫戰力優勢的日軍第 55 師團，予敵重大傷亡。奉命撤退後，井然有序的退離戰場。作戰指揮、工事構築及戰鬥意志贏得敵人敬佩，日軍第 15 軍司令官飯田祥二郎譽為能戰之師。同古作戰之後，新 22 師利用斯瓦河沿岸的南北狹長地形阻止日軍攻勢，以逐次抵抗、攻守並用、設伏攔截，給予日軍重大殺傷，掩護第 200 師撤退及第 5 軍主力完成平滿納會戰部署。戰術運用得宜，指揮掌握確實，為遲滯作戰的典範。東翼第 55 師在羅依考的戰鬥，歷經數次激戰，固守要地堅持不退，展現強韌的戰鬥力與意志力。其第一線戰鬥人員缺乏防禦戰車的武器，不惜犧牲，以集束手榴彈近身攻擊與敵偕亡，忠勇壯烈。遠征軍在日軍以機動部隊威脅補給線，戰況最艱困危疑的時刻，長官親臨第一線與官兵同在戰場。例如杜聿明率第 200 師收復棠吉，再由兩翼迂迴日軍側背，肅清日軍後率直屬部隊西移。第 200 師再從棠吉繼續攻擊雷列姆，配合司令長官部羅卓英的外線作戰，連續作戰的戰力堅強。臘戌危急時，第 66 軍軍長張軫親臨督戰，最後關頭與官兵同處火線克盡職責。遠征軍訓練精良意志堅定，戰鬥作風勇猛頑強，紀律嚴明士氣高昂，充分表現在抗日戰火的長期焠煉下，已經是一支作戰經驗豐富的鋼鐵勁旅。曼德勒會戰雖然未按計畫實施而失去勝利，然官兵在異域作戰的忠勇奮戰與志節軍風無愧職守。其後於 1943 年 10 月完成整訓發動反功，克敵致勝收復緬甸，達成打通滇緬公路出海通道的任務。

第三章
再探中國遠征軍仁安羌戰鬥詳報
暨第 113 團替英軍解圍

一、前言

　　1942 年春，中國遠征軍入緬作戰時期，國軍新編第 38 師第 113 團在仁安羌地區，擊敗戰力優勢的日軍第 33 師團第 214 聯隊，以寡擊眾救出即將被殲滅的英緬軍第 1 師。此戰為第二次世界大戰時期，國軍參加聯盟作戰的第一場勝仗，也是近代中國第一次指揮盟軍的步、戰、砲協同作戰。當時國內、外媒體廣為報導，4 月 21 日重慶《大公報》登載內容為：「據此間昨日接獲之中國入緬軍司令部公報謂：由克安克巴邦〔喬克巴唐〕出發國軍，克服油田中心之仁安羌，並救出被日軍包圍之英軍數千人……經二日之血戰，卒將仁安羌克復。」[1] 續於 24 日刊出國外報導（中央社華盛頓 23 日專電），美國的報紙咸以顯著地位，登載華軍克復伊洛瓦底江仁安羌油田及救出英軍的消息。這場勝仗享譽國際，西方國家對東方注目的焦點從澳洲轉移至緬甸，確認是中國軍隊在緬甸作戰勝利。[2] 自太平洋戰爭爆發後，美、英等盟軍在亞洲一路敗退，東南亞悲觀氣氛迷漫，擊敗日軍者竟然是被視為武器裝備最落後的中國軍隊，令西方國家難以置信，視為傳奇。中國抗日戰爭長期不利，這場勝利振奮低迷許久的民心士氣，蔣中正甚至寄望第 113 團在仁安

1　〈緬境捷報　我軍攻克仁安羌　油城重見天日　被圍英軍救出　我軍正面刻阻敵於平蠻附近〉，《大公報》（重慶），1942 年 4 月 21 日，版 2。

2　〈仁安羌之捷　美各報讚揚　認係緬境盟軍首次捷音　欲求久守須以空軍增援〉，《大公報》（重慶），1942 年 4 月 24 日，版 2。

羌的勝利，成為扭轉緬甸不利局面的契機。[3]

　　從抗戰歷史看仁安羌作戰，不單是一個團的作戰勝利，其意義在展現中國獨自對日本全面抗戰已逾 4 年半，我國的持續戰力還是能打、敢打，並能以寡擊眾，戰勝頑強的日軍；也願意善盡聯盟義務，為解救盟軍不惜犧牲做出重大貢獻。在抗戰那麼艱困的年代，這次勝利對內堅定國人持久抗戰的意志；對外強固盟邦對中國必將抗戰到底的信心。仁安羌作戰的勝利，成為探討中國遠征軍入緬作戰必然彰顯的一役。

　　此次作戰起於國軍第 113 團團長劉放吾在聯盟作戰中受英軍指揮，4 月 17 日奉命前往仁安羌地區，解救被日軍圍困的英緬軍第 1 師。於當天下午趕抵賓河北岸，策訂作戰計畫，完成攻擊準備。18 日拂曉即將發起攻擊時，新 38 師師長孫立人從曼德勒趕到戰場，遂產生此戰由師長孫立人或團長劉放吾指揮的爭論。2012 年筆者應邀參加「中國人民抗日戰爭紀念館」舉辦的紀念中國遠征軍入緬作戰 70 週年座談會，發現仁安羌作戰指揮關係的疑點甚多。為試求解答，乃於 2013 年 6 月發表〈仁安羌大捷戰場巡禮：國軍 113 團揚譽國際的作戰〉一文，指出此戰由團長劉放吾指揮。國防大學收錄在專刊《抗日戰爭是怎麼打贏的：紀念黃埔建校建軍 90 週年論文集》，引起甚多迴響，於 2014 年再版。[4]

　　復感於國軍實際參加作戰的部隊只有第 113 團一個團，師主力並未參戰，僅師長於攻擊即將發起時趕到前線。記載作戰經過的仁安羌戰鬥詳報則由師司令部編撰，聚焦於師長指揮，未見團長作為，所載難言客觀。本章所稱之仁安羌戰鬥詳報，即中國第二歷史檔案館所藏「第一次燕南羌戰鬥詳報

3　「我新卅八師孫立人之劉團在葉南陽〔仁安羌〕油田擊退敵軍，救出英緬軍七千人之多，葉南陽〔仁安羌〕亦得克復，此實可慰之事，經此一戰，敵或不敢向我右翼放肆如昔者矣。此乃緬戰轉勝之機乎。」參見「蔣中正日記」，1942 年 4 月 20 日，史丹福大學胡佛研究所藏。

4　張鑄勳，〈仁安羌大捷戰場巡禮：國軍 113 團揚譽國際的作戰〉，《中華戰略學刊》，102 年夏季刊（2013 年 6 月），頁 265-325。後增加對英緬第 1 軍團軍團長斯利姆回憶錄的評論，收入張鑄勳主編，《抗日戰爭是怎麼打贏的：紀念黃埔建校建軍 90 週年論文集》（臺北：國防大學，2014 年），頁 297-326。

（自四月十六日至二十一日由燕南羌至貴西）」[5]，以下簡稱「戰鬥詳報」。這份檔案是記載仁安羌作戰最詳細的第一手資料，為明辨史實而詳細探索，接續撰寫〈中國遠征軍「仁安羌戰鬥詳報」的考證：兼論國軍第 113 團替英軍解圍〉，發現「戰鬥詳報」所載並未完全符合史實。[6] 當時在仁安羌戰場統一指揮中英聯盟作戰的指揮官為英緬第 1 軍軍長斯利姆[7]，他在第二次世界大戰結束後，出版類似緬戰回憶錄的專書《反敗為勝》（Defeat into Victory）[8]，其中記載仁安羌作戰時，指國軍未按時發起攻擊，以營造英軍自行突圍的假象。緬甸戰區總司令亞歷山大上將的回憶錄也記載不實，指「中國軍隊從未贏得過一次對日作戰」。惟遠征軍於仁安羌戰勝時，電呈重慶軍事委員會的戰場捷報，指救出英緬軍第 1 師 7,000 餘人存檔在案，國內、外媒體普遍報導國軍解救英軍，自非斯利姆和亞歷山大所能掩蓋。時值滇緬作戰 80 週年，為力求史證明確再探「戰鬥詳報」，歸納相關史料、引證理論、準則及部隊實務的檢驗，釐清此戰的指揮關係與解圍真相。

二、仁安羌戰場的形成

　　1942 年 2 月上旬，日軍第 15 軍從泰緬邊境入侵緬甸。中國遠征軍應英軍之請，協議入緬協助作戰，為第二次世界大戰時期，中國抗日戰爭與西方反侵略戰爭結為同盟，具體實踐的聯盟作戰。惟英軍待仰光垂危時才緊急請援，戰機已失。亞歷山大於 3 月 5 日抵達緬甸，6 日即下令棄守仰光向北退

5　「第一次燕南羌戰鬥詳報（自四月十六日至二十一日由燕南羌至貴西）」，〈新編第三十八師緬甸戰役戰鬥詳報〉，《國防部史政局和戰史編纂委員會》，中國第二歷史檔案館藏，檔號：787-11655。

6　張鑄勳，〈中國遠征軍「仁安羌戰鬥詳報」的考證：兼論國軍第一一三團替英軍解圍〉，收入阮大仁、傅應川、張鑄勳、周珞合著，《一號作戰暨戰後東亞局勢的影響》（臺北：臺灣學生書局，2019 年），頁 165-209。

7　斯利姆為英緬軍第 1 軍軍團軍團長，編制部隊轄英緬軍第 1 師、英印軍第 17 師、英裝甲兵第 7 旅，兵力等同國軍的軍級部隊。為利讀者參照，本書統稱斯利姆為「軍長」。

8　William Slim, *Defeat into Victory* (London: Cassell and Company, Ltd., 1956).

卻。[9] 遠征軍匆促入緬尚未完成部署，先遣部隊已經與日軍展開激戰，並掩護英軍撤退。4 月上旬緬甸戰場的情勢，東翼為國軍第 6 軍，當面敵軍為日軍第 56 師團；中央正面為國軍第 5 軍，當面之敵為日軍第 55 師團；西翼為英軍第 1 軍，當面為日軍第 33 師團。

　　3 月 27 日蔣中正接見緬甸戰區總司令亞歷山大，談論盟軍戰況及防守同古與曼德勒的計畫，告以：「令在昆明之新編第三十八師向臘戍推進，再由臘戍開赴曼德勒。蓋曼德勒附近，日方第五縱隊〔按：敵後工作部隊〕之活動應嚴加防範，故實有駐守重兵之必要。一旦曼德勒發生變亂，影響前方之士氣必大。」又曰：「曼德勒附近應即趕造防禦工事。預測日軍奪得同古之後，即將派遣降落傘部隊至曼德勒，或同時發動其第五縱隊進攻曼德勒，或運用迂迴戰術以擾亂我軍後方。」[10] 曼德勒又稱瓦城，為緬甸第二大城及中部交通中心，亦為國軍補給線上的要點，戰略地位重要，其得失影響戰局至鉅。**蔣中正以瓦城至關緊要，敵情威脅亦大，乃召見新 38 師師長孫立人，親自面命戍守，**[11] **部隊到達後即歸中國遠征軍副司令長官兼第 5 軍軍長杜聿明指揮。**[12] **並為平滿納會戰的總預備隊，**[13] **負有固守曼德勒及策應各方作戰的任務。**（粗體為作者所加，以茲強調，後文亦同）

9　哈羅德・亞歷山大（Harold Alexander）著，劉衛國等譯，《亞歷山大元帥戰爭回憶錄》（北京：解放軍出版社，2014 年），頁 95-96。

10　「蔣中正與亞歷山大談話紀錄：防守同古及保衛曼德勒作戰計畫等」（1942 年 3 月 27日），〈革命文獻—同盟國聯合作戰：遠征軍入緬（一）〉，《蔣中正總統文物》，國史館藏，數位典藏號：002-020300-00019-035。

11　孫立人講述，沈敬庸編輯，《中國軍魂：孫立人將軍鳳山練軍實錄》（臺北：臺灣學生書局，2013 年），頁 545。

12　國防部史政編譯局編，《抗日戰史：滇緬路之作戰》（臺北：國防部史政編譯局，1982年，再版），頁 80。

13　國防部史政編譯局編，《抗日戰史：滇緬路之作戰》（臺北：國防部史政編譯局，1982年，再版），頁 49。

（一）國軍奉命馳援英軍

　　4 月 1 日，日軍第 33 師團於占領仰光後，奉命沿緬甸西部的伊洛瓦底江向北進出，意圖奪取仁安羌油田並準備向八莫方面前進，配合第 15 軍實施曼德勒會戰，以捕殲盟軍主力。師團沿途在沙丹、馬格威（Magway）擊敗英軍，以追擊的態勢繼續向仁安羌突進。[14] 4 月 14 日，英緬軍第 1 師迫於日軍的壓迫，準備放棄馬格威，改守仁安羌，遂造成盟軍西翼的嚴重局面。[15] 由於英軍情勢危急，亞歷山大要求國軍迅予增援。「戰鬥詳報」記載，中國遠征軍司令長官羅卓英乃令新編第 38 師第 113 團，由該師副師長齊學啟（1900-1945）率領赴喬克巴唐，歸英軍第 1 軍軍長斯利姆「指揮」。15 日，亞歷山大尚感一團兵力不足，復在梅苗與羅卓英、史迪威舉行會議，要求我方增派援軍，羅卓英即增派新 38 師第 112 團開往納特曼克「援助」該方面英軍作戰。**這兩個團的任務派遣及指揮關係調整是經由聯盟作戰會議決定，程序完備。羅卓英並將上項狀況電呈上峰報告，4 月 17 日晨蔣中正電覆：「新編第三十八師迅以兩個團增援英軍方面，並具報。」[16] 從這兩則電文得見遠征軍以兩個團的兵力支援英軍已向蔣中正核備奉准。**兩團分別於 16、17 兩日，先後到達各該指定地點。上列由國防部史政編譯局出版的抗日戰史，記載第 112 團「援助」英軍，「戰鬥詳報」則記載兩團均歸英方「指揮」，[17] 兩份資料記載不同，差異甚大。考證孫立人講述，派出的兩團其中一團（第 113 團）受英軍指揮，一團（第 112 團）受第 5 軍指揮，

14　日本防衛廳防衛研修所戰史室編，曾清貴譯，《緬甸攻略作戰》，日軍對華作戰紀要叢書（44）（臺北：國防部史政編譯局，1997 年），頁 502、504。

15　孫克剛，《緬甸蕩寇志》（上海：時代圖書公司，1946 年，再版），頁 7。

16　國防部史政編譯局編，《抗日戰史：滇緬路之作戰》（臺北：國防部史政編譯局，1982 年，再版），頁 67。

17　「第一次燕南羌戰鬥詳報（自四月十六日至二十一日由燕南羌至貴酉）」，〈新編第三十八師緬甸戰役戰鬥詳報〉，《國防部史政局和戰史編纂委員會》，中國第二歷史檔案館藏，檔號：787-11655，頁 25。

另一團（第 114 團欠第 1 營在臘戌）守曼德勒。[18] 孫立人為執行調派部隊的師長，他的講述比較符合實際狀況。亞歷山大為緬甸戰區總司令，遠征軍受其指揮，先要求支援英軍一個團，再要求增加一團（當時英緬軍第 1 師尚未被圍）。羅卓英為顧及聯盟關係不得不派出兩個團，但西翼英軍撤退造成第 5 軍側背暴露的危險不能不顧，其時，日軍第 33 師團主力尾躡英軍向仁安羌急進，雖然意在追擊英緬軍第 1 師，若突然向東轉向，奇襲國軍最精銳的第 5 軍側背，則戰果更為豐碩。戰場變化無常，側翼威脅係大軍作戰最敏感的軟肋，羅卓英不會無此警覺。而新 38 師已經沒有部隊可派，於是交待孫立人，第 112 團雖然派往英軍作戰地區內的納特曼克，仍由第 5 軍指揮以掩護側背安全並兼顧支援英軍。之前蔣中正接見亞歷山大，授權指揮中國遠征軍，並告以「如涉及全局戰署及部隊之配置必先得余之同意」。[19] 所以羅卓英的配置只要「向上峰呈報」並知會亞歷山大，就不必事事聽命亞氏。此事為高階協調，知者不多，戰後新 38 師的參謀在編撰「戰鬥詳報」時不明實情，以為和第 113 團相同，於是寫下兩團均歸英方「指揮」。杜聿明若感受敵情威脅嚴重，不可能同意第 112 團遠離責任地區，趕往 120 餘公里以外的戰場（賓河附近）去支援英軍。此為斯利姆雖然準備以汽車運送第 113 團到賓河北岸後，再去接運第 112 團，集中兩團兵力救援英軍未能如願，以及第 112 團始終未參加仁安羌作戰的原因。

　　至於新 38 師副師長齊學啟，則未率第 113 團出發。新 38 師從稅警總團時期，就有戰時正副主官不得同時離開指揮所的規定，一在前方督戰，一在指揮所掌握全般狀況。[20] 國軍到現在仍然遵行這項規定。孫立人決定請

18　孫立人講述，沈敬庸編輯，《中國軍魂：孫立人將軍鳳山練軍實錄》（臺北：臺灣學生書局，2013 年），頁 546。

19　「蔣中正與亞歷山大談話紀錄：防守同古及保衛曼德勒作戰計畫等」（1942 年 3 月 27 日），〈革命文獻—同盟國聯合作戰：遠征軍入緬（一）〉，《蔣中正總統文物》，國史館藏，數位典藏號：002-020300-00019-035。

20　黃嘉謨、陳存恭訪問，陳存恭紀錄，《勞聲寰先生訪問紀錄》（臺北：中央研究院近代史研究所，1988 年），頁 31。勞聲寰（1907-1997）在淞滬會戰時任稅警第 5 團團附，因戰況激烈常和團長丘之紀（1902-1937）同到前線督戰。總團下令正副主官不同時到第

示長官羅卓英後親自趕到前線，按規定只有讓齊副師長留守曼德勒，令第 113 團團長劉放吾率部先行。至於齊副師長是否始終停留在曼德勒，當時的新 38 師政治部副主任孫克剛（1912-1967，孫立人姪子）表示：「新 38 師的第 112 團和第 113 團先後由副師長齊學啟將軍率領，開往納特曼克與喬克巴唐，曼德勒衛戍的任務，只留第 114 團的兩個營擔任。」[21] 國軍在仁安羌地區只有 1 個團轄 3 個步兵營，在英軍軍長指揮下作戰，不可能師長及副師長都去督戰，置其他部隊於不顧。且第 113 團到達喬克巴唐，斯利姆向團長劉放吾下達手令，攤開地圖說明作戰構想時，副師長齊學啟如果率部前來，必定在場參與討論並親自翻譯（齊學啟留學美國通曉英文），卻無任何相關記載，爾後仁安羌作戰全程亦無齊學啟的資料可查。按規定他應該在曼德勒留守，若按孫克剛的記載，可能再由遠征軍派往納特曼克督導第 112 團。該團遠離曼德勒獨自在外作戰，配置於英軍的作戰地境內卻受杜聿明指揮，並隨時依任務需要交由斯利姆指揮，各方關係錯綜複雜。由副師長率領第 112 團駐守納特曼克，在階級職務上與各方面的協調連繫較方便。如有任務交付可由副師長負責協調，團長專責執行。否則，杜聿明、斯利姆都來調部隊，師司令部再有其他交待，第 112 團團長將無所適從。觀察戰後敘獎，師長和團長各頒雲麾勳章一座，係兩人在仁安羌分別督導與指揮作戰有功，達成替英軍解圍的任務。副師長率第 112 團掩護第 5 軍西翼兼顧英軍，參謀長留守司令部完成戰備任務，各記大功一次，[22] 允為賞當其功。

一線督戰，次日丘團長一人前往督戰陣亡。第 5 團受稅警總團第 2 支隊司令兼第 4 團團長孫立人指揮。勞聲寰率部搶回屍體，充任代理團長時向孫立人報告一切經過，由於傷亡重大，奉命率所部改任預備隊。這條規定已由國軍各部隊共同遵守。孫立人親歷其事印象深刻，仁安羌作戰不可能違背命令，正副師長同去督戰 1 個團。

21　孫克剛，《緬甸蕩寇志》（上海：時代圖書公司，1946 年，再版），頁 8。原書內容時間序有誤，實際上第 113 團 14 日先出發，第 112 團 15 日出發。參見國防部史政編譯局編，《抗日戰史：滇緬路之作戰》（臺北：國防部史政編譯局，1982 年，再版），頁 67。

22　何鈞衡，〈轉戰中印緬戰區的新編第三十八師〉，收入中國人民政治協商會議全國委員會文史資料研究委員會《遠征印緬抗戰》編審組編，《原國民黨將領抗日戰爭親歷記：遠征印緬抗戰》（北京：中國文史出版社，1990 年），頁 142。何鈞衡時任新 38 師參謀

（二）日軍奇襲仁安羌

　　前時，4月上旬日軍第33師團長櫻井省三為擊滅撤退中的英緬軍第1師，將所轄3個步兵聯隊各增配山砲、工兵、高射砲、速射砲、輕裝甲車隊、衛生隊等，都編成可獨立執行任務的聯合兵種特遣隊。「作間部隊」以第214聯隊編成（實際參戰的部隊），聯隊長作間喬宜（1894-1966）大佐。「原田部隊」以第215聯隊編成，聯隊長原田棟（1893-1982）大佐。「荒木部隊」以第213聯隊編成，指揮官為步兵團長荒木正二（1892-1970）少將。[23] 第33師團探聽到英軍退卻，立刻兵分三路實施追擊，其作戰構想為派遣有力之一部實施遠程挺進，先截斷英軍退路，主力從英軍背後追趕，南北夾擊全殲英緬軍第1師。兵力部署以作間部隊為「超越追擊部隊」，採取快速機動繞越英軍斷其退路，原田及荒木兩部為「直接追擊部隊」，緊隨英緬軍第1師實施陸、空攻擊，強力拘束其行動，以利作間部隊超越攔截。其追擊作戰概要如次：（圖9-10）

　　作間部隊沿阿蘭廟、阿列保，渡因河到丹敏斯方向實施遠程挺進，先期到達賓河地區，主力在南岸仁安羌附近，一部渡河至北岸的克敏，以兩道防線截斷英軍退路。原田部隊在東，沿阿蘭廟至雷提特到達伊瓦沙，途中受到英軍掩護撤退的後衛部隊所襲互有傷亡。爾後向西轉移，抵達伊洛瓦底江畔的敏鋼衛，4月17日傍晚以水運北上仁安羌。由於對伊洛瓦底江的溯航並不熟悉，夜間在沙洲遍布的河流，實施無導航機動，困難重重。荒木部隊在西，從阿蘭廟出發，沿伊洛瓦底江東側幹道北上，經過新榜衛、敏岡，沿途排除英軍後衛部隊的抵抗，17日晨占領馬格威。由於此地與仁安羌之間完全是無人地帶，難以就地獲得給養，部隊受阻於炎熱的氣候，加上缺水嚴重，中暑病患遽增，須待防疫及給水部隊支援，始能繼續作戰。[24] 日軍

長，重要公文來往均經他協調辦裡或依權責核定。

23　日本防衛廳防衛研修所戰史室編著，曾清貴譯，《緬甸攻略作戰》，日軍對華作戰紀要叢書（44）（臺北：國防部史政編譯局，1997年），頁503-504。

24　日軍追擊作戰，歸納自日本防衛廳防衛研修所戰史室編，曾清貴譯，《緬甸攻略作戰》，日軍對華作戰紀要叢書（44）（臺北：國防部史政編譯局，1997年），頁502-512。

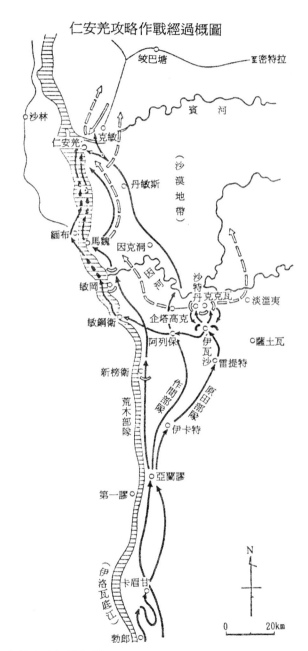

圖 9：日軍仁安羌攻略經過概圖

資料來源：「仁安羌攻略經過概圖」，收入日本防衛廳防衛研修所戰史室編，曾清貴譯，《緬甸
攻略作戰》，日軍對華作戰紀要叢書（44）（臺北：國防部史政編譯局，1997 年），頁 511。

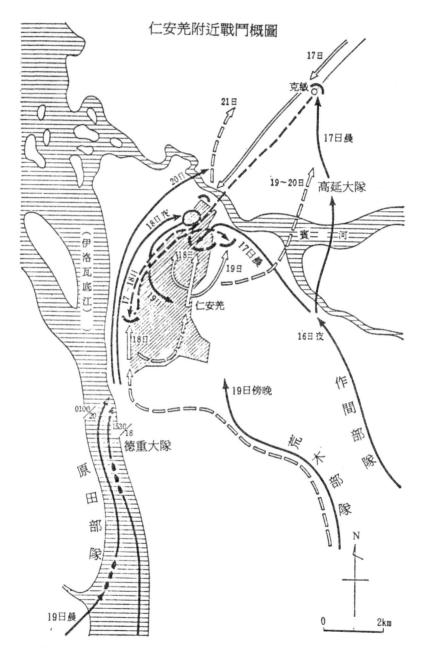

圖 10：日軍仁安羌附近戰鬥概圖

資料來源：「仁安羌附近戰鬥概圖」，收入日本防衛廳防衛研修所戰史室編，曾清貴譯，《緬甸攻略作戰》，日軍對華作戰紀要叢書（44）（臺北：國防部史政編譯局，1997 年），頁 512。

的「直接追擊部隊」由於受到地形困難及後勤支援不及的影響，未能積極克服，難以儘早與「超越追擊部隊」會合夾擊英軍。

擔任超越追擊任務的作間部隊實施遠程挺進，先以汽車運輸部分行程，再徒步行軍迂迴前進。4 月 16 日半夜，進入距仁安羌東方約 5 公里處，發現遠方幹道上的車隊，其前燈所發出的微弱光芒。作間大佐探知部分英軍已退卻至賓河以北並擁有戰車，遂將兵力分成兩部，決定在賓河南北兩岸切斷幹道。為此，令第 3 大隊（大隊長高延隆雄）挺進到賓河北岸，占領要點克敏。親自率領主力在南岸向仁安羌東北角的三叉路口突進，於 17 日晨奇襲成功，分別在南北兩地切斷英軍退路。北岸高延大隊及南岸日軍主力分別虜獲英軍約 80 人及 200 人（被俘人員囚禁在南岸的敦貢村，4 月 19 日午後為國軍第 113 團所救）。作間大佐探知英軍主力正從南向北退卻中，確認尚未通過仁安羌，[25] 為擊破即將退卻而來的主力，迅速調整部署，乃在仁安羌東北角（各道路集合點）配置聯隊直轄部隊及第 2 大隊（大隊長杉浦鍵太郎）做為主抵抗陣地，並以村落中央二叉路附近做為前方據點，配置山砲兵第 3 大隊。[26] 北岸由第 3 大隊固守，防止盟軍從北方南下增援。遂將英緬軍第 1 師全部及戰車營一部，包圍於仁安羌以北，賓河以南地區。此時在賓河北岸的英軍，僅有殘餘步兵連及裝甲旅的戰車、山砲各一部，不足以執行解圍任務。由於部隊撤退通常「後勤先行」，當英軍退路被截斷時，後勤部隊已經渡河北上，造成被圍英軍補給中斷，陷於糧彈俱盡、飲水絕源的苦境，危急萬分。[27]

仁安羌附近的地形高低起伏，錯綜複雜，由於侵蝕作用形成地隙、溝壑，成為天然的反戰車壕，戰車越野受到限制，輪型車輛離開道路通行困

25　日本防衛廳防衛研修所戰史室編，曾清貴譯，《緬甸攻略作戰》，日軍對華作戰紀要叢書（44）（臺北：國防部史政編譯局，1997 年），頁 507。

26　日本防衛廳防衛研修所戰史室編，曾清貴譯，《緬甸攻略作戰》，日軍對華作戰紀要叢書（44）（臺北：國防部史政編譯局，1997 年），頁 508。

27　國防部史政編譯局編，《抗日戰史：滇緬路之作戰》（臺北：國防部史政編譯局，1982 年，再版），頁 67。

難，對日軍的反戰車戰鬥則為絕佳地形。[28] 先處戰地者可運用地形結合兵力、火力，有效控制戰場要點，封鎖道路隘口截斷敵軍退路。英緬軍第 1 師雖占兵力優勢並有戰車支援，但自普羅美之線退至馬格威，復由馬格威退至仁安羌，沿途受到日軍的陸、空攻擊，傷亡增加，人員疲憊，地形又限制戰車的運用，加以補給中斷，天氣酷熱，乾旱缺水，戰力急遽下降，遂為日軍所困。

（三）第 113 團奉命替英軍解圍

　　4 月 16 日，英軍第 1 軍指揮所向北撤退至賓河北岸的歸約（Gwegyo，距仁安羌 25 英里〔約 40.2 公里〕），深夜英緬軍第 1 師退路被截斷。17 日晨，軍長斯利姆聽聞新 38 師第 113 團已於昨日午後抵達喬克巴唐，精神一振，立刻跳上吉普車去見團長劉放吾，令其率部替英軍解圍。中午 11 時交付團長手令：「致第 113 團團長劉上校：茲派貴官率領貴團全部乘汽車至賓河地區，在該處你將與安提斯准將（Brigadier Anstice〔John H. Anstice, 1897-1970〕）會合，他將以所有戰車支援你的部隊。你的任務是攻擊並消滅賓河北岸約兩英里公路兩側之敵。」（圖 11）**這則在戰地交付的手令，為劉放吾直接受命於斯利姆，奉命到仁安羌地區替英軍解圍的具體事證。**手令指示消滅賓河北岸 2 英里（約 3.2 公里）的敵軍，係在驅逐當地的日軍警戒部隊，確保周邊地區安全以利完成作戰準備，手令並明確告以安提斯准將提供戰車、砲兵的支援。至於第 113 團到達賓河北岸以後如何執行解救英軍的任務，斯利姆為仁安羌中英聯盟作戰的指揮官，以口述方式在地圖上說明他指揮中英盟軍的「作戰構想」。

　　斯利姆回憶：「我在喬克巴唐村裡一棟殘存的建築物樓上見到團長……由隨同該團前來而能講流利中文的英軍聯絡官介紹認識，握手後旋即攤開地

28　日本防衛廳防衛研修所戰史室編，曾清貴譯，《緬甸攻略作戰》，日軍對華作戰紀要叢書（44）（臺北：國防部史政編譯局，1997 年），頁 508。

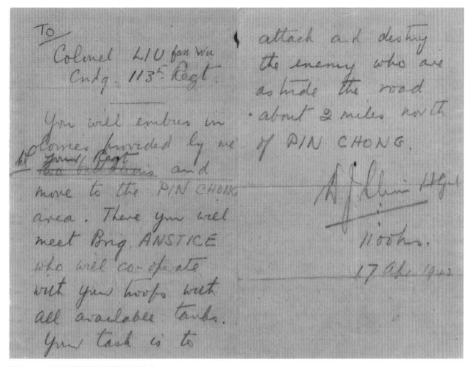

圖 11：斯利姆致劉放吾手令

資料來源：劉偉民提供。

圖討論。中國上校精明敏銳，很快掌握我所講的要點，使我震驚。他了解到我要他率團立即搭乘已備妥的卡車，迅速開往賓河，然後再儘快把卡車開回以接另一個團。我跟他解釋說我的意圖是在 18 日早上以這兩個團、甚至整個師的兵力配合英緬軍第 1 師突圍。」[29] 由於日軍固守賓河要點，中英兩軍被分隔在南北兩岸，斯利姆不可能同時召集北岸的劉放吾團長和南岸的斯高特（James B. Scott, 1892-1974）師長親自下達「合同命令」。而是研擬「作戰構想」，以「各別命令」的方式分別通知中英兩軍，指導雙方行動。被日軍隔離在賓河兩岸的國軍和英軍，都將依據斯利姆的構想策訂各自的作戰計畫，在協調合作下發揮統合戰力解救英軍脫離險境。斯利姆攤開地圖討論者，即

---

[29]　William Slim, *Defeat into Victory* (London: Cassell and Company, Ltd., 1956), pp. 63-64.

為他的「作戰構想」。

　　斯利姆解釋他的構想：「在英緬軍第 1 師試圖向北突圍時，中國部隊南下抵達賓河，清除淺灘上的障礙，並從後方消滅攔截英緬軍第 1 師的日軍。」[30] 其內容已經包含「作戰構想」所應交代清楚的「兵力、時間、地點、手段、目的」。解讀為：中英兩軍（兵力）在 4 月 18 日概約同時（時間）行動，中國軍隊南下賓河清除淺灘障礙（地點），從日軍後方發起攻擊，殲滅企圖攔截英緬軍第 1 師的日軍（手段），協助英軍突圍（目的）。斯利姆說明他的作戰構想後，透過翻譯官要求團長立刻行動，劉放吾則表示若非經孫師長下令，他不能離開喬克巴唐，在堅持一個半小時後才同意照辦。[31] 劉放吾回憶：「我並不知道新三十八師劃歸斯利姆指揮，他的命令又寫在很隨便的一張紙條上，很難令人相信……所以一直到以無線電與孫師長聯絡確定後，我們馬上奉命行事。」[32] **命令確定後，孫立人對第 113 團的指揮權，已經轉移至斯利姆。劉放吾率部搭乘英方派遣的車隊向賓河地區急進。是日下午到達賓河北岸後，將依據斯利姆的作戰構想，納入英軍支援的戰車、砲兵，策訂步戰砲協同作戰計畫，連夜完成一切作戰準備。於明（18 日）晨發起攻擊替英軍解圍，仁安羌戰場於焉形成。**

　　孫立人在 4 月 17 日 11 時，接到第 113 團報告將前往仁安羌替英軍解圍，下午從曼德勒出發趕赴遠征軍的前方指揮所瓢背，向司令長官羅卓英請示親往指揮。[33] 曼德勒為緬甸中部大城，國軍補給線上的交通要點，其得失

30　William Slim, *Defeat into Victory* (London: Cassell and Company, Ltd., 1956), p. 66. 兩人攤開地圖討論者就是斯利姆的作戰構想，為劉放吾到達賓河北岸後，策訂作戰計畫的依據。在第 113 團接受手令時即應告知，否則任務不明難以執行。孫立人次晨到達後也會告訴他，以利督戰。但《反敗為勝》在這兩個時間都沒有寫下作戰構想的內容，待 18 日晨到第一線視導部隊時才寫上中英雙方行動的細節，時序不合邏輯。本章按指揮程序，提前在此說明。

31　William Slim, *Defeat into Victory* (London: Cassell and Company, Ltd., 1956), p. 64.

32　劉偉民，《劉放吾將軍與緬甸仁安羌大捷》（香港：今日出版社，2007 年，第四版），頁 23。

33　「第一次燕南羌戰鬥詳報（自四月十六日至二十一日由燕南羌至貴酉）」，〈新編第

影響戰局至鉅，蔣中正憂慮曼德勒受到日軍第 5 縱隊及空降突擊的威脅，親自面命孫立人固守。羅卓英不可能同意他離開曼德勒，由參謀長楊業孔代為接見告以上級不准，孫立人痛陳利害均不得允（遠征軍參謀長無權決定師級主官離開責任區），[34] 乃自行前往，遂產生此戰由師長或團長指揮的爭議。

三、仁安羌作戰的指揮關係

軍事作戰為各個不同群體的協調合作，發揮統合戰力均有理論原則可循。戰場實踐是眾多武器裝備的組合，亦有協同作戰教範必須遵守。仁安羌作戰的指揮關係，經由理論原則的探討與協同作戰實務的檢驗概可認定，分述如後。

（一）理論原則的探討

指揮的定義為：「依法授予某個人掌握與運用軍隊之職責，該個人將其意志變成所屬部隊之行動。」[35] 按定義所示，遠征軍司令長官羅卓英命第 113 團赴喬克巴唐，歸英軍指揮。此後，第 113 團「依法」由斯利姆「掌握與運用」，孫立人已經沒有指揮權，他也不受斯利姆指揮。劉放吾率部前往仁安羌替英軍解圍，係依據斯利姆的手令，並非孫立人命令。其作戰計畫遵循斯氏的「作戰構想」而策訂，據以律定部隊行動以「貫徹斯利姆意志」，在法律基礎和軍事命令上，劉放吾由斯利姆直接指揮非常明確。陸軍野戰準則

三十八師緬甸戰役戰鬥詳報〉，《國防部史政局和戰史編纂委員會》，中國第二歷史檔案館藏，檔號：787-11655，頁 27。

34　沈克勤編著，《孫立人傳》，上冊（臺北：臺灣學生書局，2005 年），頁 145-146；孫立人講述，沈敬庸編輯，《中國軍魂：孫立人將軍鳳山練軍實錄》（臺北：臺灣學生書局，2013 年），頁 547-548。

35　國防大學軍事學院編修，《國軍軍語辭典（九十二年修訂本）》（臺北：國防部，2004 年 3 月 15 日頒行），頁 6-47；陸軍教育訓練暨準則發展委員會編審，《陸軍作戰要綱》（桃園：陸軍總司令部，1999 年 1 月 1 日頒行），頁 3-1。

《步兵團》第 3 章〈指揮〉，第 048 條「團長職責」指出：「團長負團一切成敗的全責，負責全團的政戰、統御、訓練、作戰指揮、行政補給。」[36] 據此界定國軍在仁安羌戰場的指揮關係：由英軍第 1 軍軍長斯利姆，指揮國軍第 113 團團長劉放吾，而劉放吾團長指揮所屬 1 至 3 營及英軍支援的戰車、砲兵隊。

　　《戰爭原則釋義》第 5 條「統一原則與合作」指出：「對同一作戰目標，或在同一方面作戰之各部隊，不論其軍種兵種必須有其單一的最高指揮官，負其全權指揮之責。」[37]（不同國家的軍隊統一指揮作戰稱聯盟作戰、陸海空不同軍種統一指揮作戰稱聯合作戰、步戰砲等不同兵種統一指揮作戰稱協同作戰。）當時中英兩軍分別位於賓河北岸與南岸，日軍居中控制戰場要點，造成盟軍分離狀態。在仁安羌聯盟作戰的軍令系統，由英軍第 1 軍軍長斯利姆統一指揮賓河南北兩岸的盟軍。南岸被圍的英緬軍第 1 師及配屬戰車營，由師長斯高特指揮。北岸解圍的國軍第 113 團及英軍支援的戰車、砲兵，由團長劉放吾指揮。**仁安羌作戰在斯利姆直接指揮劉放吾及斯高特的三角關係中，孫立人沒有指揮權。**（圖 12）**孫立人雖然趕到仁安羌戰場，其身分與職責沒有改變，仍然是曼德勒衛戍司令。**而且新 38 師為平滿納會戰的總預備隊，擔任軍之側背掩護，及維護瓢背至曼德勒間的交通及通信安全，爾後隨戰況進展，策應軍主力的攻勢轉移。[38] 這些戰備任務都待他積極準備，而仁安羌的任務則與他無關。此刻**如果孫立人也指揮劉放吾，將和斯利姆形成雙頭馬車的指揮關係，軍隊不容許出現這種亂象。若斯利姆指揮孫立人，再由他指揮劉放吾，則疊床架屋，可能逸失稍縱即逝的戰機。**無論雙

36　步兵研究發展室編訂，《步兵團（民國五十七年六月三十日修訂）》（桃園：陸軍總司令部，1968 年），第 3 章〈指揮〉，第 048 條「團長職責」，頁 69。

37　蔣中正審定，馮倫意主稿，《戰爭原則釋義》（臺北：國防部，1959 年），頁 137。由三軍大學皮宗敢、徐培根兩位前後任校長及國防部、三軍總部等參謀，考量我國狀況，參考美軍理論研討完成。

38　國防部史政編譯局編，《抗日戰史：滇緬路之作戰》（臺北：國防部史政編譯局，1982 年，再版），頁 49、52。

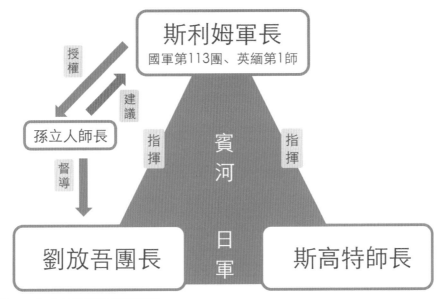

圖 12：仁安羌戰場的指揮關係

資料來源：張鑄勳製。

頭馬車或疊床架屋，皆違反統一指揮、迅速反應的原則。遠征軍在緬甸作戰時期，英軍的種族優越感一貫鄙視亞洲民族。1941 年 12 月 23 日蔣中正日記：「英人之貪詐自私，毫無協同作戰之誠意，對我國之輕視侮蔑，尤為可痛」。[39] 當時孫立人尚無知名度，只是中國數百位師長中的一位，未必特別受到重視（他的成名在以後反攻緬甸時擔任師長、軍長建立戰功），斯利姆負責解救英緬軍第 1 師及配屬戰車營免於被殲滅的重大責任，唯一可用的部隊僅國軍第 113 團，指揮權必然親自掌握，不可能渡讓給初次見面，並不熟識的中國師長。孫立人到達英軍的責任地區，按部隊常規，應先到歸約的軍指揮所，和戰地指揮官斯利姆見面。如果斯利姆同意他留下，則形同「客卿」身分，發揮建議及協調的功能，並可在斯利姆授權下，前往督導（督戰及指導）第 113 團執行任務，旨在督導部隊貫徹斯利姆的作戰構想，並非把

---

[39] 「蔣中正日記」，1941 年 12 月 23 日，史丹福大學胡佛研究所藏。

劉放吾替換下來，由他指揮第 113 團作戰。

　　如果指揮仁安羌作戰的軍長是國軍將領，將勸孫立人速返曼德勒。以此城的重要性，雖然僅留第 114 團（欠第 1 營）防守，仍應持續進行作戰準備。諸如動員民力構築 1 個師的防禦陣地，待第 112、第 113 團達成任務回到曼德勒，或狀況緊急時，遠征軍長官部抽調其他部隊的 2 個團進駐應變，都有既設陣地可用。其他反空降、反第 5 縱隊滲透，維護補給線安全等戰備任務及策訂總預備隊的反擊計畫等，均待孫立人積極完成。日軍攻勢猛烈，緬甸戰局嚴峻，曼德勒不容閃失。蔣中正親自面命孫立人戍守，戰時軍律嚴格，沒有哪位國軍的軍長會承擔責任把孫立人留下來。斯利姆第一次指揮中國軍隊，對中國國情尚欠了解，也沒有對日軍作戰的經驗。孫立人來到前線，是曾經和日軍交戰多次的國軍將領，留學美國維吉尼亞軍校（Virginia Military Institute），英語流利溝通方便，因此將他留下來提供諮詢。

　　孫立人趕到前方，師司令部還在曼德勒，參謀群忙於防衛曼德勒的各種計畫及戰備整備，沒有隨同前來。他趕到幾百公里以外的仁安羌戰場，未帶偵搜部隊敵情不明，沒有打擊兵力難有作為，更遑論策訂作戰計畫。雖然「戰鬥詳報」記載在賓河北岸約 1,600 公尺處開設師指揮所，並沒有實際上的功用，他輕車簡從趕到前方，安全警衛及食宿等行政事項都無人打理。按照部隊正常作法，是進駐斯利姆的軍指揮所以解決安全與行政問題，並運用英軍的戰情功能，了解被賓河分隔在南北兩岸的敵我動態，適時提出建言及協調中英兩軍行動。劉放吾則在前方開設團指揮所，在團參謀群的輔佐下，指揮 3 個步兵營及英軍戰車、砲兵的協同作戰。軍長、師長在後方的軍指揮所，以無線電了解前方戰況。必要時，譬如第 113 團召開作戰會議，研討行動方案時，**師長隨同軍長到團指揮所參與討論稱為「指導」，即指示和督導，並非「指揮」**。[40] 或在戰況激烈時，孫立人有可能依斯利姆授權，到第

---

40 「指導」即「指示和引導」。參見《活用作文國語辭典》（臺北：旺文出版社，2000 年），頁 462。為軍文通用的辭彙，並未列入國防大學軍事學院編修，《國軍軍語辭典（九十二年修訂本）》（臺北：國防部，2004 年 3 月 15 日頒行）第 6 章「作戰」類。

一線督導作戰。具體的做法為：提供作戰經驗，監督執行及鼓舞士氣等，是「指導」的身分。**團長「指揮」則必須按照「部隊指揮程序」掌握部隊，**[41] 具體的作法為：偵察地形、敵情，召開作戰會議研討行動方案，下達決心完成計畫，召集所屬 3 個步兵營長及英軍戰車、砲兵隊長下達命令及督導作戰準備。次晨依據作戰計畫指揮協同作戰，是「指揮」的身分。**「指導」與「指揮」截然有別，不宜混淆，若認為在戰場上階級或職務最高的長官就是指揮官，係出於誤解。**

（二）協同作戰的驗證

步戰砲協同作戰為不同專長各具特性的部隊，發揮長短相輔曲直配合的火力殲滅敵人。4 月 17 日下午劉放吾率領第 113 團到達賓河北岸實施攻擊準備，英方賦予輕戰車 12 輛（1 個戰車連）及火砲 3 門（約 1 個砲兵連）支援該團作戰。[42] **按照「戰爭原則」的規定，各部隊無論其兵種必須有其單一的最高指揮官，負其全權指揮之責。將由步兵團長劉放吾完成協同作戰編組，統一計畫及統一指揮，成為典型的步戰砲特遣部隊。在相互搭配與密切協調下，發揮協同戰力達成任務。**

有認為 4 月 18 日晨師長趕到後，斯利姆將戰車、砲兵交由師長指揮。此說違背原則，可以存疑。抗戰時期國軍以步兵為主戰兵力，各步兵師沒有戰車和砲兵，上級於戰況需要時另派部隊支援。為確保協調連繫以發揮統合戰力，軍事委員會彙編《作戰綱要草案：第一部》（圖 13）記載：「諸兵種協同之本義，以使步兵能達成其目的為主旨也。」[43]《作戰綱要草案：第二部》（圖 14）記載：「步兵之指揮官，務必接近第一線選定其位置，方能應

41　步兵研究發展室編訂，《步兵團（民國五十七年六月三十日修訂）》（桃園：陸軍總司令部，1968 年），第 8 章〈攻擊〉，第 241 條「部隊指揮程序」，頁 266。

42　國防部史政編譯局編，《抗日戰史：滇緬路之作戰》（臺北：國防部史政編譯局，1982年，再版），頁 68。

43　軍事委員會軍訓部頒行，《作戰綱要草案：第一部》（南京：拔堤書局，1947 年），頁 4。

圖 13：1944 年軍事委員會令頒修正準則

資料來源：張鑄勳提供。

圖 14：軍事委員會早期頒發的準則

資料來源：張鑄勳提供。

乎變化無窮之戰況，而適切指揮戰鬥並鼓舞軍隊之士氣。戰車之指揮官，在未直接指揮戰鬥時，通常與所配屬之步兵指揮官，在同一位置。」[44]「與步兵直接協同之砲兵指揮官，以無礙於戰鬥指揮為限，務與步兵之指揮官，位置於同一地點。」[45] **上列準則律定諸兵種協同作戰在使步兵達成作戰目的，當時通信器材有限，要求戰車和砲兵支援步兵作戰時，兩位指揮官要與步兵指揮官在同一位置，方可確保協調連繫，發揮統合戰力。**

　　孫立人到達戰場，斯利姆若把英軍的戰車、砲兵改由他指揮，依據抗戰時期的準則，兩位指揮官必須和孫立人同在一處，以支援步兵達成任務為主。但師長未帶其他部隊同來，指揮戰車、砲兵卻沒有支援對象。團長率第113團作戰則沒有戰車砲兵支援，成為步兵單一兵種作戰。即使英軍的戰車、砲兵要支援步兵作戰，中英部隊並未構成無線電連繫，兩位指揮官不在團長身旁，不知道團長在何時、何地需要支援。使用榴彈、穿甲彈、燃燒彈或煙幕彈也無從決定，無法有效支援。步兵攻擊是在運動中進行，進退分合臨機應變，沒有協調連繫的射擊更可能誤擊步兵。所以拆散第113團的協同作戰編組，將戰車與砲兵改由孫立人指揮，係違背戰爭原則，不符準則規定，在實務上也不可行。英軍是當時的先進部隊，協同作戰行之有年，統一指揮已成定則。斯利姆歷經兩次世界大戰，作戰經驗豐富。不可能違背戰爭原則，不遵守作戰準則，漠視執行上的不可行。只因師長到達，就把完成一切作戰準備，即將率部攻擊的團長置於一旁，抽調戰車、砲兵改由師長指揮。**此刻攻擊即將發起，臨戰改變部隊編組，必須修改作戰計畫，重新調整兵力部署，部隊將處於混亂狀態，決戰難期勝算。第113團若不能擊敗日軍，斯利姆也將失去他的英緬軍第1師，他不可能拆開第113團的協同作戰編組，把戰車、砲兵交由孫立人指揮，造成步戰砲分離作戰。**

　　1963年10月18日，劉放吾接受《徵信新聞報》訪問，回憶仁安羌往事時講：「當時英軍有一個重砲營〔按：以砲3門支援〕及一個戰車隊，十

44　軍事委員會軍訓部頒行，《作戰綱要草案：第二部》（南京：武學書局，1952年），頁5。
45　軍事委員會軍訓部頒行，《作戰綱要草案：第二部》（南京：武學書局，1952年）頁6。

幾輛十八噸的坦克都是歸我指揮。」[46] 提起 1942 年 4 月 20 日的作戰，劉團長表示午後 4 時，敵又增援反攻，從我左翼施行包圍，同時，敵砲向我團指揮所及預備隊猛烈轟擊，「我當時立即指揮配屬砲兵對敵砲施行制壓，並令第一營一部截擊敵人歸路，同時全團預備隊一部施行反包圍，在我步砲協同作戰下，始將該敵完全殲滅，而原有陣地，得以確保。」[47] **劉放吾的回憶也說明仁安羌作戰時，第 113 團為協同作戰的編組，由團長統一指揮。戰車在 18 日的作戰，由於受到河床軟泥的限制沒法靠近而難以渡河。[48] 所以第 113 團 20 日在南岸的反擊，係以步砲協同作戰擊滅日軍的反攻。**

　　新 38 師在編制上沒有戰車和砲兵（只有步兵使用的迫擊砲），官兵未曾接受過步戰砲協同作戰訓練，更沒有協同作戰經驗。在戰術、技術、後勤、編組與運用等專業，均非短時間所能訓練速成。要解決這些問題，在作戰實務上，英軍必須選派幹部編成「支援組」輔導部隊執行任務，在戰前協助中英雙方完成步戰砲相互搭配的戰鬥編組、策訂協同作戰計畫及實施臨戰訓練等。於開戰後隨同部隊前進，在專業、技術及後勤上輔導部隊發揮協同戰力。這些任務須以得力幹部專司其職，英軍裝甲第 7 旅旅長安提斯准將是專家，足以勝任。斯利姆留下孫立人參贊戎機，並準備在必要時授權他到第一線督戰。又知道孫立人不曾在實戰中指揮過戰車作戰，所以事先和他談過，正如告誡每一位從未動用過坦克的英軍所屬師長那樣，交代若要調動戰車，須先諮詢安提斯准將的意見，因此他也照做了。[49] 這項指示，有助於孫立人在督導部隊時可做出正確指示，實際上仍由安提斯控管戰車及砲兵的運用。於是安提斯負其專業職責如同監軍，以確保協同作戰順利進行救出英

---

46 〈日軍圍英軍　我軍圍日軍〉，《徵信新聞報》（臺北），1963 年 10 月 18 日，版 3。英方當時配屬火砲 3 門及 M3 型戰車 12 輛。

47 〈光榮戰史從頭說　真假將軍揭謎底〉，《徵信新聞報》（臺北），1963 年 10 月 18 日，版 3。

48 William Slim, *Defeat into Victory* (London: Cassell and Company, Ltd., 1956), pp. 67-68.

49 William Slim, *Defeat into Victory* (London: Cassell and Company, Ltd., 1956), p. 65. 新 38 師前身為財政部稅警總團所屬單位，配賦輕型戰車擔任緝私任務。在武器性能及戰術運用上，和陸軍野戰師的步戰砲協同作戰截然不同。

軍。所以當安提斯准將聽到要把戰車、砲兵交由第 113 團指揮時，扔給斯利姆一個受傷小鹿般的眼神，但也一如既往的聽從安排。[50] 爾後第 113 團作戰時，劉放吾從戰術著眼指揮作戰，那些步戰砲協同作戰的專業、技術、後勤等問題，就由安提斯督導「支援組」隨同解決。

中英兩軍在緬甸的聯盟作戰互信不足，孫立人是劉放吾在建制上的直屬長官，在仁安羌雖然沒有指揮權，但有影響力。斯利姆表示，當天較晚時候新 38 師的師長孫立人趕到，斯利姆和他探討次日的攻擊細節，他顯得尚有疑慮，而獲得他的信任對斯利姆而言非常重要。[51] 孫立人的師沒有任何大砲或戰車，所以斯利姆本來決定將賓河這邊所有的大砲以及戰車集中用於「支援他〔孫〕的師」進攻。但在那一刻決定，「這些武器不是『支援他的師』，而是『置於他的師指揮之下』(these arms should not be "in support of" but "under command of" his division.)。」[52] 兩者的關係從「支援」改為「指揮」，其他沒有改變。坊間另有中譯本，則譯成：「這些武器不是『支援他的師』，而是『置於他的指揮之下』」[53] 譯者把後一句的「師」省略掉，一字之差則原意盡失。斯利姆所言將被譯文誤導，造成讀者產生錯覺，以為這些武器改由孫立人指揮使用。果如此，仁安羌戰場將形成步兵和戰車、砲兵分離。前述，斯利姆在當時為現代化軍官，軍事歷練豐富，有作戰經驗，知道步戰砲必須統一指揮才能發揮統合戰力，不可能分割使用。孫立人是國軍幹

50　William Slim, *Defeat into Victory* (London: Cassell and Company, Ltd., 1956), p. 65.

51　新 38 師第 113 團受斯利姆指揮只是暫時性，師長來到戰場雖然沒有指揮權，因為是第113 團的直屬長官，團長達成任務後還是要回到建制單位受師長指揮，所以師長仍有影響力。斯利姆如果同意他留下，團長執行軍長命令時，師長雖然無權干涉，但若看法稍有不同私下告知團長，通常受到團長的尊重，貫徹命令的程度或許受到影響。中英聯盟作戰互信不足，這種現象並不罕見。斯利姆有此顧慮，所以認為爭取孫立人的信任很重要。

52　William Slim, *Defeat into Victory* (London: Cassell and Company, Ltd., 1956), p. 65.

53　威廉・約瑟夫・斯利姆（William Joseph Slim）著，萊桑卓譯，《反敗為勝：斯利姆元帥印緬地區對日作戰回憶錄（1942-1945）》(*Defeat into Victory: Battling Japan in Burma and India, 1942-1945*)（北京：民主與建設出版社，2021 年），頁 70。

部，明白準則規定戰車和砲兵指揮官要與步兵指揮官同在一處，否則通信不良無法支援。實踐檢驗真理，中譯本的譯文明顯有誤。斯利姆回憶錄所記載的軍事行動，若在執行上做不到，都沒有可信度。

　　Division 在軍事上指「師」，係戰力強大，編制固定的「部隊」，不同於師長（Division Commander）指的是「個人」。若譯為「置於他（個人）的指揮之下」則意思完全不同。從原文字義解釋，斯利姆本來決定將戰車與大砲集中「支援他的師」，惟這個師在仁安羌地區的部隊實際上只有第113團一個團。孫立人到達後，改為置於「他的師指揮之下」，他的師還是只有第113團一個團。斯利姆所講的都是「他的師」而不是「他」，都指「部隊」不是指「個人」。**所以英軍的戰車、砲兵無論是「支援」第113團或交由第113團「指揮」，部隊長都是團長劉放吾。斯利姆調整者，不是部隊指揮權責的轉移，只是武器支援方式的改變**。以現代的「一般支援」與「直接支援」做比喻，「支援」近似現代的「一般支援」，團長基於戰術上的需要而申請支援時，若英軍戰車、砲兵還有其他任務也需要支援或在技術上受到限制等，將由英軍決定優先支援順序等，團長的要求未必充分獲得。改成「置於他的師指揮之下」，近似現代的「直接支援」，即專責支援第113團作戰，團長需要支援時，直接通知英軍戰車、砲兵全力配合即可。劉放吾就可以更自主、更靈活的運用戰車與砲兵，把握戰機爭取勝利。斯利姆的調整，展現充分授權劉放吾指揮英軍戰車、砲兵的誠意，以消除孫立人對他的疑慮。於是第113團的步戰砲協同作戰，在劉放吾統一指揮下可以充分發揮支援作戰。

　　斯利姆並表示據他所知，孫立人是第一位實際指揮盟軍戰車和砲兵的中國將軍。[54] **此處所講的「指揮」，正確說法是「督戰」。斯利姆為了消除孫立人對他的疑慮，把原本「支援」第113團的戰車和砲兵，改為交由第113團「指揮」。他正是交付團長第一位實際指揮盟軍戰車和砲兵的見證者。**此刻指

54　William Slim, *Defeat into Victory* (London: Cassell and Company, Ltd., 1956), p. 65.

孫立人指揮戰車和砲兵的說法矛盾，對「指揮」與「督戰」等軍語的使用欠精確，並非熟悉作戰的軍官所撰寫。斯利姆回憶錄在仁安羌作戰這部分，類似的矛盾或不符史實者甚多，未必全然親自撰寫，參考運用需要慎重。

　　斯利姆指 4 月 17 日「較晚」孫立人到達，[55] 在時間上和許多資料所載差異甚大，需要釐清。「戰鬥詳報」記載：「十八日拂曉我劉團（一一三團）展開於拼牆河〔賓河〕北岸（見敵我態勢要圖）並與英軍協定將英軍戰車沿公路兩側搜索，砲兵佔領陣地，以主火力指向（501）高地掩護展開向敵開始攻擊，是時師長已由曼德勒星夜趕到親自指揮。」[56] 和斯利姆所指 17 日較晚到達相差一夜。孫立人表示他在 17 日上午約 11 時接到第 113 團報告將往仁安羌解圍，午後出發趕至遠征軍前方指揮所瓢背，向上級指揮官報告願意自己前去指揮。上面告以不准，爭執無果後，[57] 孫立人離開瓢背自行前往仁安羌的時間在 18 日晨 4 時，[58] 於 8 時趕到前線。[59] 這些時間與流程大致如此。

　　按孫立人的說法，4 月 17 日他整夜都在趕路及與上級爭取親往指揮，直至 18 日晨 4 時才離開，不可能如斯利姆所指「17 日較晚」到達前方。當在 18 日晨到達歸約，按規定要先去見戰場指揮官斯利姆了解當前狀況，交談後隨同到第一線視導團、營、連各級指揮所並聽取作戰簡報。[60] **時間概在晨 8 時，為軍長、師長、團長三人第一次在戰場見面的時間和地點。此際，第 113 團的協同作戰準備已經於昨日完成，部隊展開在攻擊發起線附近，只**

55　William Slim, *Defeat into Victory* (London: Cassell and Company, Ltd., 1956), p. 65.

56　「第一次燕南羌戰鬥詳報（自四月十六日至二十一日由燕南羌至貴酉）」，〈新編第三十八師緬甸戰役戰鬥詳報〉，《國防部史政局和戰史編纂委員會》，中國第二歷史檔案館藏，檔號：787-11655，頁 26。

57　孫立人講述，沈敬庸編輯，《中國軍魂：孫立人將軍鳳山練軍實錄》（臺北：臺灣學生書局，2013 年），頁 546-547。

58　「第一次燕南羌戰鬥詳報（自四月十六日至二十一日由燕南羌至貴酉）」，〈新編第三十八師緬甸戰役戰鬥詳報〉，《國防部史政局和戰史編纂委員會》，中國第二歷史檔案館藏，檔號：787-11655，頁 27。

59　孫立人講述，沈敬庸編輯，《中國軍魂：孫立人將軍鳳山練軍實錄》（臺北：臺灣學生書局，2013 年），頁 548。

60　William Slim, *Defeat into Victory* (London: Cassell and Company, Ltd., 1956), pp. 66-67.

待號令一響，立即發起攻擊。不可能在敵前改變計畫，重新調整步戰砲協同作戰編組。

　　以孫立人趕路的過程，對應這段時間第 113 團的攻擊準備，團於 4 月 17 日 19 時到達賓河北岸時已近終昏。次晨天明就要開戰，必須連夜實施協同作戰編組，逐級策訂作戰計畫，下達攻擊命令，實施沙盤推演，檢整武器裝備及領取糧彈飲水等，官兵亦應儘早睡眠，恢復體力準備明日戰鬥。各部隊在天色未明前，就要利用夜暗掩護，向攻擊發起線分進。18 日晨，師長趕到前線隨同斯利姆視導部隊時，各級指揮所已經開設完畢，人員完成編組，武器各就定位，部隊展開待命攻擊。此刻要把戰車、砲兵從步兵團抽調出來，交由甫抵戰場尚未進入狀況的師長指揮，為臨戰拆散協同編組、逐級修改作戰計畫、調動部隊變更部署，對已經展開即將攻擊的部隊言，窒礙難行如前文所述。至於把原本「支援」第 113 團的戰車、砲兵改由團長「指揮」，在技術上沒有問題。因為統一指揮的權責與編組沒有改變，計畫與命令仍然有效，協調事項及沙盤推演的默契依舊。改變的是開戰以後，步兵團長劉放吾要使用戰車、砲兵時，英軍兩位隊長須貫徹命令遵照執行，協同作戰在專業上的問題由安提斯負責協調處理。從「支援」改「指揮」，更有利於任務的達成。

　　檢討此次協同作戰，抗戰時期的協同作戰在配合步兵達成任務。關於戰車、砲兵的支援成效，列舉中、英、日三方的資料說明。斯利姆指出：「賓河北岸的中國部隊打到河邊，雖然清除敵軍，但沒能解決淺灘上設置的路障，戰車受到河床的軟泥限制，無法驅散日軍。」[61] 又指：「南岸英緬軍第 1 師的戰車部隊嘗試排除路障，則被日軍反裝甲武器擊敗。更嚴重者，戰車受地形阻礙，而成為被集中射擊的目標。」[62] 斯利姆的記述，說明英軍戰車在賓河南北兩岸的作戰，都受到地形限制，及日軍設置障礙與火砲射擊等影響，效果不彰。他是英方指揮官，最了解當時的作戰狀況，認為英軍戰車效果不

61　William Slim, *Defeat into Victory* (London: Cassell and Company, Ltd., 1956), pp. 67-68.
62　William Slim, *Defeat into Victory* (London: Cassell and Company, Ltd., 1956), p. 68.

彰可以定論。日軍戰史記載：「仁安羌附近之地形，標高差雖不過五〇公尺左右，但高低起伏極為錯綜複雜，由於侵蝕作用形成之地隙變成斷崖，到處構成自然的反戰車壕……戰車之越野行動受到很大限制，對我方之反戰車戰鬥乃絕佳之地形。敵以戰車為先頭，反復對幹道強行突破行動，但被奮戰之中井部隊所阻無法前進……攻防之焦點在於市區之東北角，所有道路集中於這一點，除非破除此點，否則車輛部隊不能撤退。」[63] 日軍是實際與英軍作戰的部隊，可以印證斯利姆的說法，並指出英軍戰車效果不彰的原因。「戰鬥詳報」記載：「步砲戰車協同確實，且英砲兵射擊準確，予敵以打擊甚大」。「我軍八一迫擊砲、四七輕迫擊砲及一般射擊技術命中精確，摧破敵之輕重机槍陣地甚多，予敵之傷亡亦重」。[64] 對英軍砲兵的射擊效果評價甚高，戰車效能則未見記載，可見乏善可陳。歸納交戰三方的評析，新 38 師編制上沒有戰車與砲兵。惟所轄的步兵迫砲與英軍砲兵同為曲射火砲，又少受地形限制，協調較易可以有效配合，充分發揮火砲威力予敵重大殺傷。而缺乏與戰車協同作戰的經驗，協調與默契欠住。最重要者，戰車適用於平原或丘陵地區，仁安羌的地隙溝壑及河床軟泥形成障礙，限制其機動力、衝擊力及震撼力的發揮。造成英軍戰車的戰鬥以直射火砲及機槍的射擊為主，在日軍反裝甲武器結合地形的打擊下，作戰成效有限。

四、第 113 團作戰經過

劉放吾率第 113 團先於 17 日下午到達賓河北岸附近地區，驅逐日軍派出的警戒兵力後即作攻擊準備。18 日拂曉對據守賓河北岸的日軍發起攻擊，午時攻抵河邊為對岸日軍的綿密火網所阻。斯利姆為避免傷亡過大影

63　日本防衛廳防衛研修所戰史室編，曾清貴譯，《緬甸攻略作戰》，日軍對華作戰紀要叢書（44）（臺北：國防部史政編譯局，1997 年），頁 508-509。

64　「第一次燕南羌戰鬥詳報（自四月十六日至二十一日由燕南羌至貴酉）」，〈新編第三十八師緬甸戰役戰鬥詳報〉，《國防部史政局和戰史編纂委員會》，中國第二歷史檔案館藏，檔號：787-11655，頁 37。

響解圍任務的達成，下令暫停攻擊，重新整頓部隊待明晨再戰。19 日第 113 團在天明前利用夜暗掩護渡過賓河，拂曉逼近日軍陣地發起攻擊，激戰竟日於傍晚時分救出英軍達成任務。作戰經過概述如後：

（一）18 日賓河北岸作戰經過

　　部隊為各種不同專長人員和多樣武器裝備所組成的團體，指揮作戰是人員、武器、裝備、後勤的整合，時間、空間、戰力的運用，敵情、友軍、民情的考量。為用兵藝術與科學管理的實踐，複雜而細緻的工作，非一人之力可以完成。所以「營」級以上的部隊，都有參謀群的編組，以協助部隊長（指揮官）完成計畫與指揮作戰。部隊長須運用參謀群的各類專長，共同研討作戰計畫，下達命令貫徹執行，方可發揮統合戰力克敵致勝。部隊長和參謀群平時生活在一起、工作在一起，參謀們了解彼此專長，培養工作默契。戰時開設指揮所，在部隊長指導下分工合作達成任務。

　　部隊執行攻擊任務時，區分「攻擊準備」與「攻擊實施」兩部分，均屬作戰指揮的範圍。指揮官受領任務即向作戰地區實施戰術行軍，到達「集結地區」（完成作戰準備的位置）後，從偵察地形敵情、召開作戰會議、策訂作戰計畫、下達攻擊命令、完成各項戰備措施。再將部隊推進到「攻擊發起線」附近，完成兵力部署，以戰鬥隊形展開，視為「攻擊準備」。**不是部隊到達戰場就可以立即作戰，必須逐級依據上級命令，再研討自己的行動方案，完成計畫、下達命令才能執行。部隊越大，準備時間越長。**指揮官從「攻擊發起線」率領所屬部隊發起攻擊，按照作戰計畫攻擊前進。在戰鬥中因應戰況變化，靈活運用兵力火力，指揮部隊進退分合，殲滅敵人占領目標，則為「攻擊實施」。開戰前，充分的攻擊準備奠定勝利基礎。開戰後，貫徹計畫精神及臨機應變，掌握主動為決勝關鍵。**基於「團長負團一切成敗全責，負責全團的作戰指揮」等準則規定，以及計畫與執行的一貫性，團長在攻擊準備和攻擊實施時，都必須親力親為，責無旁貸。**

1、攻擊準備

作戰指揮的步驟，國軍在準則中律定「部隊指揮程序」，係以科學的思維理則，選擇成功公算最大的行動方案，據以策訂作戰計畫，下達命令貫徹執行。「部隊指揮程序」因應環境變遷與科技進步，準則或許有所修訂，而師級以下的思維理則並沒有重大改變。平時透過教育訓練培養幹部，戰時各級指揮官用以指揮作戰。《陸軍作戰要綱》第3010條記載：

> 指揮程序為指揮官藉參謀協助，遂行指揮之思維及行動過程，通常依序為：一、任務分析及初步作戰概念。二、參謀作業指導。三、狀況判斷〔按：通常以召開作戰會議的方式實施〕。四、決心及作戰構想。五、計畫與命令。六、督導實施。[65]

4月17日下午，國軍第113團團長劉放吾率部到達賓河北岸，進入集結地區即作攻擊準備。必須按照「部隊指揮程序」分析任務，研擬初步作戰概念，據以指導團部參謀群及支援部隊長，各就情報、作戰、人事、後勤、政工、戰車及砲兵等專長蒐集相關資料，並於偵察地形、敵情後，召開作戰會議，實施狀況判斷，研討行動方案，團長綜合大家意見下達決心及作戰構想。參謀群據以完成作戰計畫，由團長召集各營營長，戰車、砲兵隊長下達攻擊命令。並在英軍的協助下，完成步戰砲協同作戰編組，進行臨戰訓練。主要幹部按照作戰計畫實施沙盤推演，完成協調建立默契。**這個過程是指揮作戰的嚴謹步驟，不是一到戰場不必偵察、不經研討、沒有計畫，就可以下達命令要求部隊發起攻擊。第113團按照「部隊指揮程序」積極完成攻擊準備時，師長還在趕路中，並未參與其事。**18日晨匆促到達戰場，一切都在

65　陸軍教育訓練暨準則發展委員會編審，《陸軍作戰要綱》（桃園：陸軍總司令部，1999年1月1日頒行），頁3-6。無論古今中外，指揮作戰都有一定的步驟，如地面作戰要偵察地形、敵情，召開作戰會議，指揮官確定決心，策訂計畫，下達命令等。這個步驟至今沒有重大改變。軍隊自從有「師」的編制後，組織形態改變，指揮程序相對複雜，遂依據作戰與訓練經驗，在準則中律定「部隊指揮程序」一體遵行。隨科技發展，裝備創新，尤其資訊工具的運用，指揮速度得以加快，而指揮程序的思維邏輯並未重大改變。

狀況外，不至於拿著團長策訂的計畫，按照團長下達的命令指揮作戰。

4 月 18 日晨，第 113 團按照劉放吾策訂的作戰計畫，推進到攻擊發起線附近完成兵力部署，以戰鬥隊形展開，準備發起攻擊時，斯利姆趕到戰場視導部隊，孫立人陪同前往。「戰鬥詳報」記載：「十八日拂曉我劉團（一一三團）展開於拼牆河〔賓河〕北岸……向敵開始攻擊，是時師長已由曼德勒星夜趕到親自指揮……先從敵之右翼施行側擊。」[66] 所載不符史實，師長輕車簡從趕到前線，並未率領部隊前來，如何從敵之右翼施行側擊？且匆匆趕到戰場，敵情不明、地形不熟、步戰砲協同作戰的編組和運用陌生。也未參加作戰會議及沙盤推演，對重要決議及各部隊的任務與協調事項都在狀況外，即使聽取簡報也是略知梗概，不及細節。**臨戰換將為用兵大忌，第113 團的作戰計畫依據團長的決心而策劃，作戰命令由團長召集幹部下達，團長最深入狀況。經由作戰方案的研討，沙盤推演的整合，主要幹部協調良好，上下建立默契，係發揮不同專業，貫徹團長意志的團隊組合。軍長、師長來到前方，是以作戰經驗提出重點指示、鼓舞士氣、督導作戰，不是取代團長指揮。在法紀上，此刻第 113 團已歸斯利姆直接指揮，師長不能逾越斯利姆的權責去指揮團的作戰。即使團長失去指揮能力，按制度規定應由最進入狀況的副團長代理，不是師長指揮。**

18 日的視導，依斯利姆回憶錄記載：我仍然有點憂慮，懷疑那位**「即將領導攻擊的中國團長」**（國軍稱戰場上的領導為指揮官）是否會竭盡全力，或者出現昨日受命時的遲疑（第 113 團受英軍指揮，但具體任務不明確，需待斯利姆交付後，報請師部電轉遠征軍長官部，經羅卓英核准才能行動，不是遲疑）。我把顧慮告訴孫將軍，他表示去看看。兩人來到第 113 團的團部，斯利姆回憶，團長窺出我的來意，對我說：「我們到營部看看。」

---

66 「第一次燕南羗戰鬥詳報（自四月十六日至二十一日由燕南羗至貴酉）」，〈新編第三十八師緬甸戰役戰鬥詳報〉，《國防部史政局和戰史編纂委員會》，中國第二歷史檔案館藏，檔號：787-11655，頁 26-27；國防部史政編譯局編，《抗日戰史：滇緬路之作戰》（臺北：國防部史政編譯局，1982 年，再版），頁 68。

我們便向營部走去。在相當接近前線的營部，經由孫將軍自任翻譯，解釋兵力部署。我確信我們的中國軍隊很重視這場作戰，於是說我相當滿意並準備後退。但顯然團長沒打算放過我，他更愉悅的眨了眨眼睛，說：「讓我們再往連部走走。」我不確定在作戰即將開始的一刻，是否應該接近連部。但為了自己的面子，不得不涉水到達連指揮所。抵達連指揮所沒多久，攻擊的槍砲聲頓起，這些中國軍人沒有任何遲疑。根據他們利用地形的熟稔程度判斷，我認為很多人一定經過砲火的洗禮。日軍在中國部隊突破他們防線時反應很大，上校轉身看著我，我真擔心他會說要到排部去，所幸他未再提議，只望著我露齒而笑。只有優秀幹練的軍人，才能在槍林彈雨中面無懼色，露齒而笑。[67]

斯利姆經由這次的視導，看出第 113 團是支訓練嚴格、有作戰經驗的部隊，對團長在砲火下的勇敢沉著深具信心，譽為優秀幹練的軍人，沒有換人指揮的問題。斯利姆視察部隊，自始即認為劉放吾是「即將領導（指揮）攻擊的中國團長」，證明國軍在仁安羌作戰由團長劉放吾指揮。此戰將決定英緬軍第 1 師存亡，設若第 113 團作戰失利，英緬軍第 1 師亦將被日軍擊滅。斯利姆不會冒陣前換將的風險，在攻擊即將發起時，把策訂計畫、下達命令，完成一切攻擊準備的團長換下，改由甫抵戰場，尚未進入狀況的師長指揮。

2、攻擊實施

4 月 18 日拂曉，第 113 團在英軍戰車及砲兵協力下，向賓河方向發起攻擊，戰鬥至 12 時許，擊潰當面日軍並乘勝擴張戰果，但攻抵河濱時為對岸敵軍所阻。筆者 2013 年 1 月曾到仁安羌戰場勘察地形，緬懷史事。就現地所見，賓河南岸的 501 高地為日軍主陣地，地勢居高臨下，觀測射界良好，可控制賓河北岸廣大的開闊平坦地帶。（圖 15）國軍展開攻擊時，無一樹一丘可提供隱蔽掩蔽，在日軍戰機炸射及編織的火網瞰制下，通過此一火制地帶將遭受重大傷亡。4 月賓河水深及膝可以徒涉，南岸瀕河地區甚多

67　William Slim, *Defeat into Victory* (London: Cassell and Company, Ltd., 1956), pp. 66-67.

圖 15：日軍陣地瞰制賓河北岸

資料來源：張鑄勳提供。

圖 16：賓河南岸的斷壁攀登困難

資料來源：舒宏艦提供。

圖 17：賓河軟泥阻滯英軍戰車活動
資料來源：舒宏艦提供。

直立岩壁，人員攀登困難（圖 16），敵若配置側射火力實施封鎖，殺傷力極大。岸邊河道甚多軟泥濕地，設置障礙更難通行。（圖 17）日軍利用賓河地形結合機槍、直射火砲形成綿密的火制地帶，人員及戰車的行動受阻，足以擊退第 113 團的攻擊。

　　第 113 團攻抵賓河北岸，在日軍頑抗下受挫，不得不暫停攻擊。若要繼續渡河作戰，必須調整部署強力攻堅。否則應按「部隊指揮程序」召開作戰會議，研擬次日行動方案，明晨再興攻擊。「戰鬥詳報」記載：被困於南岸的英緬軍第 1 師師長斯高特，以飲水食糧斷絕，困難萬分勢將瓦解，請求繼續進攻速解被圍之苦。斯利姆因救援心切而昧於其他，仍堅請立即攻擊。後經師長一再痛陳利害，表示負責於明日拂曉開始攻擊，即戰至最後一人，亦必達成救出被圍英軍之目的而後已。斯利姆深受感動，乃確定最後決心，施行明日拂曉攻擊之計畫。[68]

---

[68]「第一次燕南羌戰鬥詳報（自四月十六日至二十一日由燕南羌至貴酉）」，〈新編第

　　只要經過正規訓練，或有作戰經驗的幹部，即使基層的營、連長及資深士官，經過上午的攻擊受挫，就當前的地形障礙及日軍強度，都清楚繼續攻擊徒增傷亡而未必攻克。斯利姆經歷第一次世界大戰，又為英軍二戰名將，戰後曾任參謀總長，本職學能應在水準之上。指揮仁安羌作戰時以其職務歷練及作戰經驗，不難判斷利弊因素。應知此刻繼續攻擊的受挫機率極高（指白晝在敵火瞰制下實施渡河作戰）。第 113 團若遭受重大損傷而失去解圍能力，則英緬軍第 1 師將被擊滅。斯利姆或許心切英軍安危，有繼續攻擊的意思，經孫立人提醒其中利弊，很容易得到共識。未必如「戰鬥詳報」所形容的「昧於其他，仍堅請立即攻擊」。待孫立人充滿義憤的痛陳利害，才深受感動的接受。不排除編造斯利姆驚慌失措的場景，襯托孫立人英勇果決的態度，以凸顯在仁安羌戰場的主導地位。

　　然從所述的場景觀察，仁安羌戰場的指揮關係非常明確。孫立人充滿義憤、痛陳利害，已經說明他並沒有指揮權，只能焦慮的提出建議。斯利姆為下達最後決心的指揮官。劉放吾的職責，是在斯利姆直接指揮下，確定明晨攻擊後，開始策訂第 113 團的步戰砲協同作戰計畫，召集主要幹部下達命令，並於次晨率部攻擊指揮作戰。就「戰鬥詳報」的記載，孫立人在仁安羌作戰時發揮協調與建議功能，沒有指揮權非常明確。

3、史料探證

　　從作戰實務視角，檢驗「戰鬥詳報」所載 4 月 18 日「師戰鬥經過要圖」和「午後暫停攻擊的命令」這兩份檔案，可以解讀仁安羌作戰的指揮關係。

（1）師戰鬥經過要圖的分析

　　國軍的參謀作業，師、旅、團、營，各級的作戰命令及附圖都有標準規格，可以辨識誰指揮作戰。**以 1 個步兵團轄 3 個步兵營，增加其他支援部**

三十八師緬甸戰役戰鬥詳報〉，《國防部史政局和戰史編纂委員會》，中國第二歷史檔案館藏，檔號：787-11655，頁 27-28；國防部史政編譯局編，《抗日戰史：滇緬路之作戰》（臺北：國防部史政編譯局，1982 年，再版），頁 68。

隊的作戰命令及戰鬥經過要圖，為團級參謀群所調製，由團長指揮作戰。轄 2 個團以上及師直屬部隊的作戰命令及戰鬥經過要圖，是師級參謀群所調製，由師長指揮作戰。（圖 18）為「戰鬥詳報」所載的 18 日作戰經過：「陸軍新三十八師拼牆河〔賓河〕北岸戰斗經過要圖（四月十八日五時三十分至二十一時）」。這份要圖標示的主戰兵力為「3 個步兵營」，另外增加英軍支援的戰車、砲兵各約 1 個連級。在規格上為團級參謀的作業，是團長指揮作戰的經過要圖，而標題則改列成師的頭銜，誤導為師長指揮。

解讀要圖的兵力部署：賓河北岸的紅色三角符號為日軍，面對第 113 團 3 個步兵營的攻擊。團以兩營並列向南發起攻擊，第 1 營在左翼擔任主攻（箭頭所指方向），第 2 營在右翼，第 3 營為預備隊，在主攻營後方跟進的粗線方塊，便於形成攻擊重點。戰車隊（道路上子彈形符號）緊接在第 1、第 2 兩步兵營中間後方，沿道路前進以保持運用彈性。砲兵（架形符號）在戰車後方，部署在靠近主攻營方面，形成火力支援重點。第 3 營附近的三角旗是團指揮所，團長督導主攻第 1 營作戰，就近掌握預備隊及英軍戰車、砲兵，可適時集中兵力火力投入關鍵地區，加強攻擊力度殲滅敵人。**此圖顯示 18 日的作戰，主戰兵力為 3 個步兵營，在戰車、步兵支援下實施協同作戰，主攻在左，為團長指揮步戰砲協同作戰的要圖，不是師長指揮的要圖（2 或 3 個團的攻擊才是師長指揮）。**最上方 Kyenyin 村落的三角旗為上級指揮所。圖示第 113 團的作戰經過，以左翼隊、右翼隊兩營並列展開攻擊，主攻在左。向南延伸的虛線是進攻方向，正對面三角形的部署是日軍在賓河北岸占領陣地的部隊。第 113 團擊破當面日軍向南推進到賓河北岸的粗虛線，為中午暫停攻擊，敵我隔河對峙的位置（賓河以南為英軍被圍狀態）。戰場上再沒有其他的國軍部隊，主戰兵力始終只有第 113 團一個團。**這張 18 日的戰鬥經過要圖，為仁安羌作戰由團長指揮的明確史證。全銜應為「陸軍新 38 師第 113 團拼牆河〔賓河〕北岸戰鬥經過要圖」，「戰鬥詳報」缺列第 113 團的部隊稱號，誤導為師長指揮。**

團長劉放吾回憶 18 日的作戰經過：「當時第 113 團是正面迎敵，我率領第 1 營營長楊振漢所部在左邊，第 2 營營長魯廷甲的部隊緊靠在右，和日

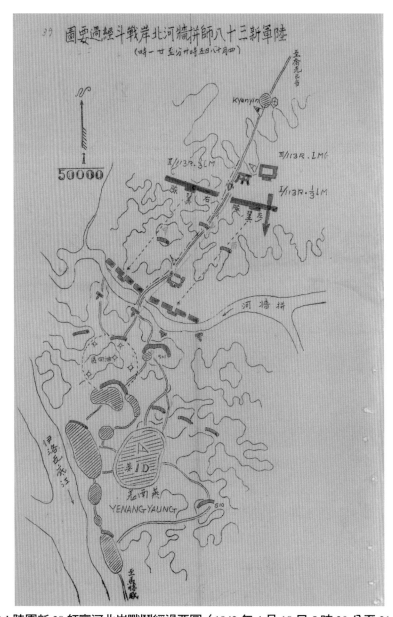

圖 18：陸軍新 38 師賓河北岸戰鬥經過要圖（1942 年 4 月 18 日 5 時 30 分至 21 時）

資料來源：「陸軍新三十八師拼牆河北岸戰斗經過要圖（四月十八日五時卅分至廿一時）」，收入「第一次燕南羌戰鬥詳報（自四月十六日至二十一日由燕南羌至貴酉）」，〈新編第三十八師緬甸戰役戰鬥詳報〉，《國防部史政局和戰史編纂委員會》，中國第二歷史檔案館藏，檔號：787-11655，頁 39。

軍展開拚搏，第 3 營留作預備隊。」[69] 和這份「戰鬥經過要圖」的兵力部署、部隊稱號及箭頭所指的主攻方向完全一致。18 日的戰鬥經過要圖，步戰砲都在同一份文件上。呈現仁安羌作戰時，步戰砲協同作戰統一計畫，統一指揮，為孫立人並未指揮戰車砲兵的具體事證。

（2）午後暫停攻擊的命令

4 月 18 日午時，第 113 團暫停攻擊，「戰鬥詳報」記載午後 4 時許，師長給予劉團長及英砲兵隊長、戰車隊長命令：

> 陸軍新三八師命令（四月十八日十六時三十分于拼牆河〔賓河〕北岸無名村指揮所）：
>
> 一、當面敵人已退至拼牆河〔賓河〕南岸高地一帶陣地防守中。
>
> 二、第一一三團暫停攻擊，本晚就已佔領各據點澈夜固守，但已渡河之劉營應多派小部隊向當面之敵不斷施行擾亂攻擊〔按：第 113 團並無劉姓營長，1 至 3 營營長為楊振漢、魯廷甲、張琦。[70]〕。
>
> 三、英砲隊在原陣地，對拼牆河〔賓河〕南岸白塔附近高地之敵陣地及燕南羌〔仁安羌〕村落區域不斷施行擾亂射擊。
>
> 四、英戰車隊撤至師指揮所附近待命。
>
> 五、余在距拼牆河〔賓河〕北岸約一六〇〇公尺之公路附近無名村指揮所。[71]

這則師長命令可以質疑，英軍由南向北突圍，國軍由北向南解圍。按照

69 劉偉民，《劉放吾將軍與緬甸仁安羌大捷》（香港：今日出版社，2007 年，第四版），頁 25。

70 劉偉民，《劉放吾將軍與緬甸仁安羌大捷》（香港：今日出版社，2007 年，第四版），頁 91。

71 「第一次燕南羌戰鬥詳報（自四月十六日至二十一日由燕南羌至貴酉）」，〈新編第三十八師緬甸戰役戰鬥詳報〉，《國防部史政局和戰史編纂委員會》，中國第二歷史檔案館藏，檔號：787-11655，頁 28。

戰爭原則與國軍準則，盟軍必須在統一指揮下作戰，不是各打各的，否則可能互擊。18日午後暫停攻擊的命令，按指揮系統由聯盟作戰指揮官斯利姆下達，直接電令南岸英緬軍第1師師長史高特及北岸國軍第113團團長劉放吾，三位指揮官並完成必要的協調事項。斯利姆的命令不會疊床架屋由孫立人代轉劉放吾。多一個人轉達命令，延誤時間並增加協調連繫的複雜性，也可能產生承轉上的誤差，孫立人不可能下達這項命令。

此令的性質，為第113團暫停攻擊時，實施「鞏固整頓」的命令。為作戰告一段落，安頓部隊，恢復掌握，清點人員傷亡及武器損失，補充彈藥飲水，恢復戰力準備再戰的階段。此時特需注意安全措施，防止日軍襲擊，對所屬步兵、砲兵、戰車所應注意事項，包含警戒、襲擾等都要交代清楚。屬於第113團內部調整部署，加強戰備的命令。主戰兵力是3個步兵營增配戰車、砲兵，為團長命令的規格。所記載的內容都是團長例行該做的事，不待師長越級指揮步戰砲，把團長擱置一旁。這則命令只要修改幾個字，就是團長命令：把第二項「第113團暫停攻擊」改為「各部隊暫停攻擊」；至於步戰砲各兵種的任務，由協同作戰指揮官的步兵團長統一指定為正常：第四項「英戰車隊撤至師指揮所附近待命」，更違背準則規定「戰車、砲兵指揮官要與步兵指揮官同在一處」。一個團的步戰砲協同作戰，不可能把戰車配置在後方的師指揮所。應置於團指揮所附近，在緊急應變時步兵團長與戰車隊長方可立即協調連繫，步兵就近搭載戰車快速機動反應。此項應為「英戰車隊撤至團指揮所附近待命」才符實況；再把第五項指揮所的位置，修正為「余的位置在預備隊第3營附近」。顯見這則團長命令曾由「戰鬥詳報」微幅調整內容，標題也改為師的稱號，以符合師長指揮的說法。

（二）19日賓河南岸作戰經過

4月18日12時許，第113團攻抵賓河北岸邊為敵所阻，當面敵軍為日軍「作間部隊」的主力，並獲得砲兵及戰機支援。敵在賓河南岸依地形之利，構築陣地堅強固守，以待其第33師團主力到達，圍殲英緬軍第1師。

國軍第 113 團以白晝繼續攻擊傷亡必大，經斯利姆下達最後決心，暫停攻擊。準備於明晨天色未明前，在夜暗掩護下渡過賓河，拂曉從南岸發起攻擊，救出英緬軍第 1 師。其攻擊準備和攻擊實施說明如後：

1、攻擊準備

　　4 月 18 日下午，第 113 團實施次晨的攻擊準備，按照「部隊指揮程序」，在團長的參謀作業指導下，情報官偵察地形敵情、作戰官研擬行動方案、人事官清點兵力現況、後勤官檢討支援能量、政戰官蒐集民情動態、戰車隊長偵察接近路線、砲兵隊長選擇火砲陣地。各項資料蒐整完成後，團長召開作戰會議，聽取各營營長、戰車、砲兵隊長及各業管參謀檢討上午作戰經過，研討明日行動方案，團長下達決心與構想，參謀據以策訂攻擊計畫，部隊完成一切作戰準備。

　　上午團長在前方指揮作戰時，師長位於賓河以北 1,600 公尺路邊樹林內的師指揮所。[72] 更可能在軍指揮所和斯利姆同在一起，便於了解賓河兩岸的盟軍狀況，方可適時提出建言，協調中英兩軍行動。上午的作戰，兩人在作戰中僅能以無線電聯絡第 113 團團長及英緬軍第 1 師師長，片斷了解前方狀況，戰情未必十分清楚。因此決定暫停攻擊改於明晨再戰後，下午兩人都必須出席第 113 團的作戰會議，了解上午全般戰情，才能適切指導明日作戰，此為無論演習或實戰都是必要的程序。「戰鬥詳報」對 18 日下午的記事：

> 本師師長與士林姆〔斯利姆〕將軍研究明〔19〕日拂曉攻擊之部署，師長仍以戰術着眼，主張以主力位置我左翼，重點指向敵之右側，蓋以〔我〕右翼地形暴露全係石山，側背臨河，背水為陣，設攻擊頓挫，危險之公算較大。但士林姆〔斯利姆〕將軍以被圍英軍係在燕南羌〔仁安羌〕東側附近地區，倘我之主力由該

---

[72] 「第一次燕南羌戰鬥詳報（自四月十六日至二十一日由燕南羌至貴酉）」，〈新編第三十八師緬甸戰役戰鬥詳報〉，《國防部史政局和戰史編纂委員會》，中國第二歷史檔案館藏，檔號：787-11655，頁 28。命令第五項師指揮所位置。

方面進攻，則被圍英軍難免不受我軍砲火之損害，且解圍後〔英軍〕撤退亦頗困難，故堅請將主攻改由右翼施行，因此乃變更主攻方向改由〔我〕右翼。[73]

這段對話，應為兩人在第113團的作戰會議聽取各項報告後，在討論行動方案時的發言，孫立人提供建議，斯利姆作成決定。「戰鬥詳報」則未記載第113團召開作戰會議，記下團長的綜合意見等資料，刻意模糊團長的存在，簡化為只有師長和軍長兩人對話。這項選擇性的記載，將誤導讀者認為在後方的軍長和師長不必出席作戰會議，對前方戰況一知半解的情況下，自行討論就做成決定。兵凶戰危，不會如此草率。只有一個團在作戰，軍長和師長若到前方，都必須出席作戰會議，了解第一線部隊上午的作戰經過，聽取第113團各參謀對明日作戰的專業分析及團長的綜合意見，才能做出適切指導。孫立人從安全與戰術著眼，重視戰力發揮，考量地形特性及作戰發展，建議主攻在左。斯利姆則從聯盟作戰著眼，考量主攻方向和英軍撤退路線都在東翼。為避免第113團的砲兵火力誤擊英軍，也防止兩軍對進時，狀況不明互相攻擊，並未採納孫立人建議，裁示主攻在右。**從4月18日下午兩人的對話，得見軍長、師長、團長在仁安羌作戰的定位明確。斯利姆為聯盟作戰指揮官，考量中英兩軍情勢下達最後決心。孫立人發揮提供建議及協調中英兩軍的輔佐功能。劉放吾依據斯利姆決心，策訂計畫，下達命令，並於19日按計畫部署兵力，指揮第113團步戰砲特遣隊救出英軍。**

「戰鬥詳報」記載，新38師本（18）日午後6時許，下達明日拂曉攻擊的命令。參見「陸軍新三八師命令（四月十八日十九時于拼牆河〔賓河〕北岸1600公尺之公路附近指揮所）」：

一、當面敵情無變化，仍堅守拼牆河〔賓河〕南岸高地一帶陣

---

73 「第一次燕南羌戰鬥詳報（自四月十六日至二十一日由燕南羌至貴酉）」，〈新編第三十八師緬甸戰役戰鬥詳報〉，《國防部史政局和戰史編纂委員會》，中國第二歷史檔案館藏，檔號：787-11655，頁28-29。

地，英軍第一師仍在燕南羌〔仁安羌〕東南地區被敵包圍，
已粮彈絕源危急萬分。

二、以擊潰當面敵人，救出英軍之目的，於明（十九）日拂曉五
時三十分繼續攻擊。

三、該團於明（十九）日拂曉五時三十分，即向油田區之敵攻
擊，重點指向敵左翼。

四、英砲兵隊（三門）以一部火力協助該團左第一線攻擊其南岸
之敵，以主火力支援右第一線我主力進攻。

五、英戰車隊以全力沿公路進攻協同我步兵之攻擊。

六、余現在拼牆河〔賓河〕1,600 公尺公路附近隨戰鬥進展推進至
拼牆河〔賓河〕岸。[74]

　　這是一則無法執行的命令，《作戰綱要草案》指出：作戰命令規定，
軍隊之作戰行動者，冠以部隊之稱號。[75]因此作戰命令（計畫）無論口頭下
達、書面頒發或圖上標示，都必須明確註記受命單位的稱號。否則各單位任
務不明，行動沒有依據，無法作戰。上述命令第四項，交付第一線部隊任務
時，均未律定執行單位的稱號，而以左第一線、右第一線取代。至於哪個單
位在左，哪個單位在右，預備隊由誰擔任都沒有交代。各部隊接到命令無所
適從，不知道自己的作戰任務和位置在那裡。**戰場上不會出現此等沒有律
定執行單位，無法執行的命令，可以確定這則命令並非仁安羌作戰的原始文
件。**第 113 團由斯利姆直接指揮，新 38 師則未參加此次作戰，師長也不在
仁安羌作戰的指揮體系內。戰場上不可能在軍和團之間，疊床架屋出現以
「新 38 師」名義下達的作戰命令，反而沒有第 113 團的作戰命令。經由其

---

74 「第一次燕南羌戰鬥詳報（自四月十六日至二十一日由燕南羌至貴酉）」，〈新編第
　　三十八師緬甸戰役戰鬥詳報〉，《國防部史政局和戰史編纂委員會》，中國第二歷史檔
　　案館藏，檔號：787-11655，頁 29；國防部史政編譯局編，《抗日戰史：滇緬路之作戰》
　　（臺北：國防部史政編譯局，1982 年，再版），頁 69。
75 軍事委員會軍訓部頒行，《作戰綱要草案：第一部》（南京：拔堤書局，1947 年），頁 21。

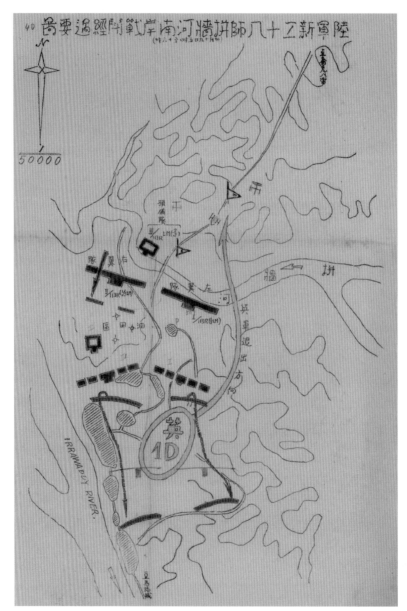

圖 19：陸軍新 38 師賓河南岸戰鬥經過要圖（1942 年 4 月 19 日 5 時至 16 時）

資料來源：「陸軍新三十八師拼牆河南岸戰鬥經過要圖（四月十九日五時至十六時）」，收入
「第一次燕南羗戰鬥詳報（自四月十六日至二十一日由燕南羗至貴西）」，〈新編第三十八師緬
甸戰役戰鬥詳報〉，《國防部史政局和戰史編纂委員會》，中國第二歷史檔案館藏，檔號：787-
11655，頁 40。

他相關史料的考證仍然可以辨別真偽，見其全貌。檢視 4 月 19 日的「陸軍新三十八師拼牆河〔賓河〕南岸戰鬥經過要圖（四月十九日五時至十六時）」（圖 19），說明如次：

　　圖上渡過賓河位於南岸的右翼隊，所註記的稱號為第 113 團第 2 營，箭頭方向攻擊日軍左翼，為斯利姆裁示的主攻在右，左翼隊的稱號是第 1 營，預備隊由還在賓河北岸的第 3 營擔任。各部隊的稱號與位置明朗後，以 19 日作戰命令的本文，對照戰鬥經過要圖，可以解讀第 113 團的作戰構想：以第 1、第 2 兩營並列為第一線，第 2 營在右為主攻，第 3 營為預備隊，於 19 日天明之前渡過賓河，晨 5 時 30 分在對岸向日軍陣地發起攻擊（橫向粗虛線為爾後繼續向南推進的目標線，與本文的考證無關，從略）。以各部隊所配置的位置，可以理解團的用兵要點：預備隊第 3 營的位置偏右，靠近主攻第 2 營形成重點，即將渡河跟進。戰車尚未渡河，配置在中央位置的道路附近，保持運用彈性，利於機動應變。砲兵隊以一部推進到靠近右翼部隊及預備隊方向，專責支援團的主攻方面。主力在南岸東北方，對左、右兩翼實施一般支援並機動轉移火力形成重點。團指揮所開設在賓河北岸道路西側，就近督導主攻營作戰並掌握預備隊營及戰車隊，決戰時可澈底集中兵力、火力殲敵致勝。察看此圖的主戰兵力只有 3 個步兵營，仍然是一則團長的攻擊命令，應是 18 日下午作戰會議結束以後，團長遵照軍長主攻在右的決心，按「部隊指揮程序」，指導參謀完成的第 113 團作戰計畫，並於 19 日據以指揮作戰的經過要圖。命令本文和作戰經過要圖所標示的部隊，步戰砲各兵種都在同一份文件上，證實仁安羌的協同作戰由步兵團長統一計畫，統一指揮。

　　顯然師司令部於戰後編撰「戰鬥詳報」時，顧慮到只有 3 個營為主戰兵力的命令，若以「師」為標題，終將受到熟悉參謀作業者的質疑。命令主文遂隱匿各營的部隊稱號，以左翼隊、右翼隊取代，模糊受命單位的層級。標題再冠以新 38 師稱號，移花接木編造師長指揮的史證。

2、攻擊實施

　　4 月 19 日上午 4 時 30 分，第 113 團利用夜暗掩護渡河。迄拂曉時迫近

敵人陣地，並開始攻擊前進。旋即占領日軍第一線陣地，逐漸進入山地，此時敵忽增援逆襲，於我既得陣地反覆爭奪，敵我雙方傷亡重大。8 時半至下午 1 時許，戰況最為激烈，日軍占有空優，雙方一度陷入白刃戰，劉放吾斷然決定使用預備隊投入戰鬥，日軍傷亡枕藉，我預備隊第 3 營營長張琦壯烈成仁。激戰至午後 2 時許攻克 501 高地，戰況轉為有利，遂將油田區敵軍完全擊潰。於下午 3 時救出 16 日夜間英軍退路被截斷時，在賓河南北兩岸被俘英軍及原在油田的工作人員及其眷屬約 500 餘人，含美國傳教士、新聞記者數人。第 113 團一面繼續肅清殘敵，一面占領要點掩護英緬軍第 1 師撤退。傍晚被圍英軍全部約 7,500 人（含先前救出的 500 餘人）均獲解救，經由第 113 團東側，向賓河北岸陸續安全退出。[76] 第 113 團經兩日戰鬥，達成替英軍解圍的任務。

　　此戰，國軍第 113 團以 1,000 餘兵力，[77] 實際上不足一團只有 800 餘人，[78] 擊潰數倍兵力的日軍似乎不可能。然歷史上以寡擊眾取得輝煌勝利的戰例甚多，從軍事理論和戰場形勢都可以得到解釋。李德哈特（B. H. Liddell Hart）倡導「間接路線」（The Indirect Approach），指出：「主要的效力在使敵人從『心理』和『形勢』上產生不平衡現象。」[79] 又曰：「最健全的戰術，就是一定要等到敵人在精神上已經發生動搖之後，才開始攻擊。只有這樣才可能作具有決定性的打擊。」[80] 例如運用結構力學的原理建築水壩，

---

76 「第一次燕南羌戰鬥詳報（自四月十六日至二十一日由燕南羌至貴酉）」，〈新編第三十八師緬甸戰役戰鬥詳報〉，《國防部史政局和戰史編纂委員會》，中國第二歷史檔案館藏，檔號：787-11655，頁 29-30；國防部史政編譯局編，《抗日戰史：滇緬路之作戰》（臺北：國防部史政編譯局，1982 年，再版），頁 70。

77 國防部史政編譯局編，《抗日戰史：滇緬路之作戰》（臺北：國防部史政編譯局，1982 年，再版），第四篇第二十六章第三節插表第八「新編第三十八師仁安羌戰鬥人馬傷亡表」附記一。

78 劉偉民，《劉放吾將軍與緬甸仁安羌大捷》（香港：今日出版社，2007 年，第四版），頁 40。

79 李德哈特（B. H. Liddell Hart）著，鈕先鍾譯，《戰略論：間接路線》（臺北：麥田出版，2001 年），頁 199。

80 李德哈特（B. H. Liddell Hart）著，鈕先鍾譯，《戰略論：間接路線》（臺北：麥田出

以鋼筋水泥結合山谷岩磐建構而成，可以儲存千萬頃水力在壩內維持平衡穩定。但只要在重要位置施以強力爆破，即使破口並不很大，水壩則產生裂痕不再牢固，維持水力平衡的功能已經弱化。蓄水受到爆炸力的激盪，產生巨大的衝擊使裂痕擴大，造成壩堤崩潰。類比戰場上採取守勢者，以兵力、火力、阻絕等結合地形構築陣地，形成堅強的防禦體系，近似水壩難以撼動。但攻者只要在關鍵位置打開缺口，繼續貫穿以擴大突破口，敵軍陣地將失去平衡，就如同水壩裂痕擴大而崩潰。自古以來，名將常以迂迴、包圍、突穿、滲透、夜攻、空降等奇襲出敵意表，震撼敵軍造成「心理上的不平衡」。以這些兵力的位置或武器裝備效能，迫敵處於劣勢地位產生「形勢上的不平衡」。在敵「心理」和「形勢」都不平衡的狀態下再與敵決戰，劣勢可以戰勝優勢。早年國軍實兵對抗演習時，課目的設計儘量接近實戰，在裁判勤務上，若能以奇襲導向側背攻擊，戰力計算可提高三至五倍，以激勵演習指揮官發揮創意，採取積極作為。

　　以李德哈特的「間接路線」解釋第113團的以寡擊眾。19日的攻擊，第113團的主攻方向雖然選擇側背臨河，石山難行的危險路線，卻出敵意表產生奇襲效果，造成日軍「心理」上的不平衡。日軍圍困英軍，陣地構築必須面向南方，集中火力堅強固守，編織火網封鎖英軍突圍，當第113團渡過賓河地障，從北向南攻擊日軍主陣地後方，實施反正面作戰，就造成日軍「形勢」上的不平衡。當日軍在「心理」和「形勢」都喪失平衡，「間接路線」的「效力」增加數倍，劣勢可以戰勝優勢。攻占501高地後繼續擴張戰果，如同水庫裂痕擴大而崩潰，遂造成日軍陣地瓦解，戰敗而逃。劉放吾回憶當時仁安羌戰場的敵我形勢：「這樣一來，敵軍包圍了英軍，我軍包圍了日軍，日軍腹背受敵，勢至不利。」[81]第113團在仁安羌以寡擊眾贏得勝利，從李德哈特的理論、國軍演習裁判教令及劉放吾回憶，都可以得到合理解

版，2001年），頁200。

81　劉偉民，《劉放吾將軍與緬甸仁安羌大捷》（香港：今日出版社，2007年，第四版），頁24。

釋，可視為以現代戰史解釋李德哈特理論的戰例。

五、21 日作戰命令的檢視

　　4 月 19 日傍晚，英軍安全撤出，仁安羌作戰結束。20 日擊退日軍局部逆襲，第 113 團與敵在仁安羌油田以南約 10 公里一帶地區形成對峙狀態，[82]「戰鬥詳報」記載：「入夜據劉團長報稱，敵以多數汽車輸送部隊大量增援中，我一一二團亦已到達拼牆河〔賓河〕北岸。師長據報後，以該團到達具有必勝之把握，遂詳細計劃以該團為主力，決心於明日拂曉施行果敢之攻擊，向敵右翼包圍斷其後路，期壓迫敵於伊洛瓦底江東岸一舉而殲滅之。」並於「20 日 24 時」下達攻擊命令。[83] 旋即奉英軍轉來第 5 軍電令，撤退到歸約至喬可巴唐附近待命，於是在半小時後「21 日零時 30 分」又發布另一則撤退命令。[84] 其中疑點甚大，師級部隊決定明晨攻擊，逐級要按「部隊指揮程序」實施攻擊準備，貫徹到連、排基層所需時間甚長。通常一日下達一次作戰命令，次晨拂曉發起攻擊，在一日內執行完成，新 38 師一日兩令異於常態。師長在 20 日入夜時分發現日軍大量援軍到達，遲至深夜 24 時才下達次晨的攻擊命令，使用時間概在 4 小時以上（20 日入夜到 24 時）。21 日零時改下另一道撤退命令，於零時 30 分完成卻只要半小時，從

---

82 「第一次燕南羌戰鬥詳報（自四月十六日至二十一日由燕南羌至貴酉）」，〈新編第三十八師緬甸戰役戰鬥詳報〉，《國防部史政局和戰史編纂委員會》，中國第二歷史檔案館藏，檔號：787-11655，頁 31。

83 「第一次燕南羌戰鬥詳報（自四月十六日至二十一日由燕南羌至貴酉）」，〈新編第三十八師緬甸戰役戰鬥詳報〉，《國防部史政局和戰史編纂委員會》，中國第二歷史檔案館藏，檔號：787-11655，頁 31-32；國防部史政編譯局編，《抗日戰史：滇緬路之作戰》（臺北：國防部史政編譯局，1982 年），頁 70-71。

84 「第一次燕南羌戰鬥詳報（自四月十六日至二十一日由燕南羌至貴酉）」，〈新編第三十八師緬甸戰役戰鬥詳報〉，《國防部史政局和戰史編纂委員會》，中國第二歷史檔案館藏，檔號：787-11655，頁 34-35；國防部史政編譯局編，《抗日戰史：滇緬路之作戰》（臺北：國防部史政編譯局，1982 年），頁 71-72。

攻擊突然改為退卻，其任務目標、運動方向、兵力部署、火力支援及後勤準
備等都反方向而行。原訂的攻擊計畫完全不適用，必須重新策訂撤退計畫。
同樣的參謀人員，完成平時教育訓練經常操演，很熟悉的攻擊計畫使用 4 小
時。而甚少磨練，作業生疏的撤退計畫於半小時完成，尤其深夜作業必須管
制燈光及壓低聲量的難度更高。速度之快令人難以置信，新 38 師一夜兩令
是否確有其事，可以存疑。

（一）4 月 20 日 24 時的攻擊命令

「戰鬥詳報」記載，20 日入夜，師長據報日軍大量增援，決心以第 112
團為主力，於次（21）日拂曉，使用 2 個團發起攻擊，包圍殲滅當面敵軍，
於 24 時下達攻擊命令，並附「陸軍新三十八師燕南羌叺南攻擊展開計劃要
圖（四月二十日廿三時）」（圖 20）：

陸軍新編第二十八師命令（四月二十日二十四時于戰鬥指揮所）

一、當面之敵正與我一一三團對戰中。本日晚據報敵以多數汽車
　　輸送部隊大量增援，似有明日拂曉攻擊之企圖。

二、本師以擊破該敵之目的，本晚即利用夜暗將部隊向前推進，
　　明晨拂曉前展開於拼牆河〔賓河〕南岸第一一三團陣地左翼
　　亘油田之綫，保持主力於左翼，將重點指向敵之右側背，壓
　　迫敵于伊洛瓦底江東岸地區而殲滅之。

三、第一一三團為右翼隊，仍在原陣地利用地形以猛烈火力牽制
　　敵人，協同主力攻擊。

四、第一一二團（欠第一營）為左翼隊，即利用夜暗向前推進，
　　於明日拂曉前展開於拼牆河〔賓河〕右岸之綫後，即以主力
　　指向敵之背後包圍敵人而殲滅之。

五、第一一二團第一營為師之預備隊，位置於左翼隊後方。

六、英砲兵應於明日拂曉前完成戰鬥準備，以主火力協同左翼隊
　　之戰鬥，以一部協同右翼隊之戰鬥。

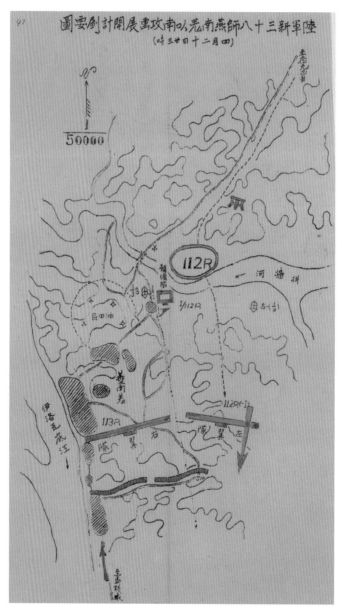

圖 20：陸軍新 38 師仁安羌以南攻擊展開計畫要圖（1942 年 4 月 20 日 23 時）

資料來源：「陸軍新三十八師燕南羌叭南攻擊展開計劃要圖（四月二十日廿三時）」，收入「第一次燕南羌戰鬥詳報（自四月十六日至二十一日由燕南羌至貴酉）」，〈新編第三十八師緬甸戰役戰鬥詳報〉，《國防部史政局和戰史編纂委員會》，中國第二歷史檔案館藏，檔號：787-11655，頁 41。

七、工兵排及特務連（欠一排）均位置於師戰鬥指揮所附近。

八、通信連以師戰鬥指揮所為基點，構成向各隊之通信網。

九、彈藥補充以汽車向前輸送。

十、傷兵救護以英方救護車救護之。

十一、配屬師之卡車十五輛，均控制於師戰鬥指揮所附近聽候派遣。

十二、余位置於師戰鬥指揮所。[85]

　　分析這則攻擊命令，師以 2 個團為第一線，第 113 團在右實施正面拘束，第 112 團（欠第 1 營）從左打擊日軍側背，師長控制第 112 團第 1 營為預備隊，各團及砲兵的任務明確。其他對師直屬部隊如工兵、特務、通信、彈藥補充及傷患救護等指示都交待清楚。**這則預定在 4 月 21 日實施的攻擊命令，主戰兵力轄 2 個團及數量甚多的師直屬部隊，是師長命令的標準格式。若與 18、19 兩日主戰兵力只轄 3 個步兵營及英軍支援戰車、砲兵的團長命令相互比較。在兵力大小、單位稱號及部隊類型的差異甚大。再次印證前述「戰鬥詳報」把 18、19 兩日，主戰兵力只有 3 個營的團長命令，頭銜改成師的稱號，係在配合仁安羌作戰由師長指揮的說法。**

　　從戰場景況觀察，20 日入夜時分，新 38 師發現日軍以車輛運輸大量部隊增援，足以判明敵軍主力到達。孫立人料定敵將於明晨實施拂曉攻擊的判斷正確，而是否發起攻擊與敵決戰則令人存疑。當時緬甸戰區的敵我戰力對比，國軍集中 3 個步兵師，方足以對抗日軍 1 個師團。[86] 此時日軍第 33 師團主力到達戰場附近，新 38 師第 112 團雖然也已到達，但第 113 團傷亡過

---

85 「第一次燕南羌戰鬥詳報（自四月十六日至二十一日由燕南羌至貴西）」，〈新編第三十八師緬甸戰役戰鬥詳報〉，《國防部史政局和戰史編纂委員會》，中國第二歷史檔案館藏，檔號：787-11655，頁 31-32；國防部史政編譯局編，《抗日戰史：滇緬路之作戰》（臺北：國防部史政編譯局，1982 年），頁 71。

86 秦孝儀總編纂，《總統蔣公大事長編初稿》，卷 5 上冊（臺北：財團法人中正文教基金會，1978 年），頁 35。國軍入緬作戰時期，1 個軍概轄 3 個師。依當時的戰力評估，必須完整的 1 個軍集中使用，方足以對抗日軍 1 個師團，中日戰力比為 3:1。

半甦待整補，第 114 團遠在曼德勒不克支援。若以當下不足 2 個團的戰力與日軍第 33 師團主力決戰，國軍極劣勢。孫立人親歷 1937 年慘烈的淞滬會戰，對日軍裝備優勢、訓練精良的體認深刻，應知決戰無勝算。何況解救英軍的任務已經達成，並無再戰必要。若戰場上雙方都發起攻擊，將形成短兵相接，敵我交錯的主力決戰，戰敗則脫離戰鬥困難，可能全軍覆沒。以當前的任務需要及戰力懸殊，高度懷疑「戰鬥詳報」所載，孫立人只因第 112 團到達，就具有必勝把握而決定與敵決戰。

遠征軍司令部策劃大軍作戰，必須盱衡全局預判未來發展，研擬作戰構想，提前下達預備命令，以利部隊儘早準備下階段作戰。早在 4 日 18 日下午 3 時，羅卓英接獲國軍派駐英方連絡參謀報稱，英軍毫無戰力，正全面後撤中，日軍則積極北進，造成遠征軍側背受威脅。乃令第 5 軍放棄原本策訂的平滿納會戰計畫，限翌（19）日拂曉以前開始轉進，撤退到曼德勒再實施會戰。另有不足一師之敵，刻沿伊洛瓦底江北進，其先頭向喬克巴唐方面前進中。遂令新編第 38 師派出之兩團，應逐漸向喬克巴唐合力遲滯敵人。[87]此刻，第 113 團攻抵賓河北岸受阻，正在重新整頓，召開作戰會議研討次（19）日攻擊計畫，需待解救英軍的任務達成再執行新任務。4 月 19 日英軍獲救安全撤出，20 日第 113 團擊潰日軍逆襲，敵我對峙。入夜發現日軍大量增援，第 112 團亦已到達賓河北岸由師長指揮，此刻孫立人的決心，應該依令率兩團向喬克巴唐遲滯日軍，斷無違抗羅卓英命令，以劣勢兵力求敵決戰的可能。斯利姆在《反敗為勝》寫道：「孫將軍預測 21 日拂曉日軍將大舉反擊，我和他討論這個可能性，並同意他離開此鎮退回賓河。」[88]孫立人雖然不受斯利姆指揮，但在英軍戰鬥地境線內，部隊行動仍應知會地區指揮官，斯利姆指出孫立人準備退回賓河，他表示同意。從羅卓英預備命令和斯利姆回憶錄這兩份史料，證明孫立人當時的決心是撤退，不是攻擊。確定 4

87　國防部史政編譯局編，《抗日戰史：滇緬路之作戰》（臺北：國防部史政編譯局，1982年），頁 53。

88　William Slim, *Defeat into Victory* (London: Cassell and Company, Ltd., 1956), p. 72.

月 20 日入夜孫立人只下達一則撤退命令，在夜暗掩護下井然有序的脫離戰場。次（21）日拂曉，日軍於發現國軍已經撤退，動向不明並未追擊。[89]

羅卓英的預備命令及斯利姆回憶錄，分別來自不同的兩位長官，在不同時空所留下的資料，都不是攻擊。足以證明新 38 師在仁安羌作戰期間，不曾下達 2 個團的攻擊命令。這則命令當在戰後編撰「戰鬥詳報」時，自行添加的虛構文件，不排除戰後編撰「戰鬥詳報」時，慮及只有 1 個團在作戰，記載由師長指揮不符常情，終將受到質疑。遂編造 2 個團攻擊的紀錄，營造仁安羌作戰時期，戰場上有 2 個團攻擊的假象。包括必要的附表，第一號總表為戰鬥人員死傷表（圖 21），第二號總表記載擄獲戰利品的項量（圖 22），第三號總表詳列武器損耗狀況（圖 23）。各表都把不曾參戰的第 112 團與第 113 團一同並列，時間計算到 4 月 24 日多列了 4 天。英軍在 19 日傍晚解圍救出，20 日敵我對峙，仁安羌的作戰任務基本上已經完成。21 日凌晨天色未明新 38 師開始撤退，第 113 團渡過賓河會合第 112 團（未參戰）北上，是執行羅卓英命令，向喬克巴唐實施遲滯作戰的任務。之後的傷亡統計、擄獲戰利品及武器損耗狀況，都不應編列在仁安羌作戰的範圍。

《作戰綱要草案》律定：戰鬥詳報之目的在收集必要資料，呈報於高級指揮官，俾對於此後之作戰有適切之指導。並多輯錄「實戰經過」，以做為將來戰鬥之參考。故愈能記述「具體真相」，且呈出迅速，則其價值愈大。[90]嚴格規定戰鬥詳報必須務實求真，戰後即報。因此，戰鬥詳報不僅是那時作戰的重要參考，也是後世研究當代軍事思想、用兵理念及作戰經過的珍貴典藏。視為編撰戰史、印證史事的一手資料。仁安羌戰鬥詳報把並不存在的攻擊計畫、展開計畫要圖及統計不實的附表，全套完整的作戰資料，違反規定輯錄其中，就不能說是作業上的疏失。將第 112 團列為仁安羌的參戰

---

89 「第一次燕南羌戰鬥詳報（自四月十六日至二十一日由燕南羌至貴酉）」，〈新編第三十八師緬甸戰役戰鬥詳報〉，《國防部史政局和戰史編纂委員會》，中國第二歷史檔案館藏，檔號：787-11655，頁 35。

90 軍事委員會軍訓部頒行，《作戰綱要草案：第一部》（南京：拔堤書局，1947 年），頁 30。

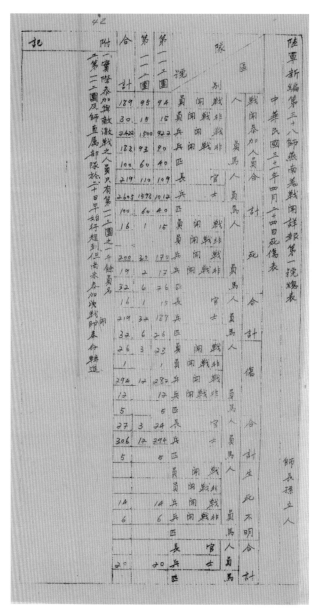

圖 21：陸軍新編第 38 師仁安羌戰鬥詳報第一號總表

資料來源：「陸軍新編第三十八師燕南羌戰鬥詳報第一號總表：中華民國三十一年四月二十四日死傷表」，收入「第一次燕南羌戰鬥詳報（自四月十六日至二十一日由燕南羌至貴酉）」，〈新編第三十八師緬甸戰役戰鬥詳報〉，《國防部史政局和戰史編纂委員會》，中國第二歷史檔案館藏，檔號：787-11655，頁 42。

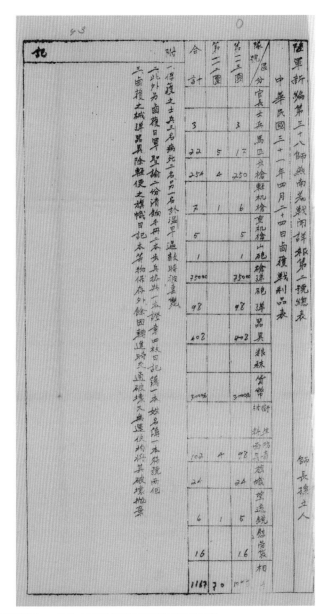

圖 22：陸軍新編第 38 師仁安羌戰鬥詳報第二號總表

資料來源：「陸軍新編第三十八師燕南羌戰鬥詳報第二號總表：中華民國三十一年四月二十四日鹵獲戰利品表」，收入「第一次燕南羌戰鬥詳報（自四月十六日至二十一日由燕南羌至貴酉）」，〈新編第三十八師緬甸戰役戰鬥詳報〉，《國防部史政局和戰史編纂委員會》，中國第二歷史檔案館藏，檔號：787-11655，頁 43。

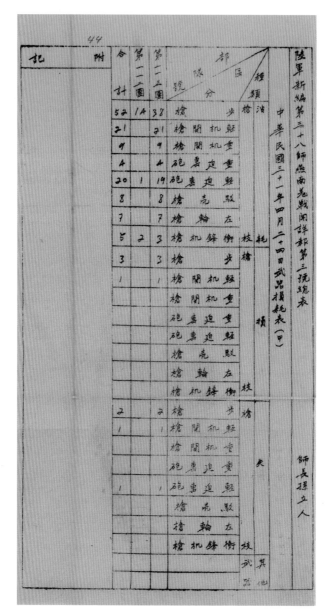

圖 23：陸軍新編第 38 師仁安羌戰鬥詳報第三號總表

資料來源：「陸軍新編第三十八師燕南羌戰鬥詳報第三號總表：中民國三十一年四月二十四日武器損耗表（甲）」，收入「第一次燕南羌戰鬥詳報（自四月十六日至二十一日由燕南羌至貴酉）」，〈新編第三十八師緬甸戰役戰鬥詳報〉，《國防部史政局和戰史編纂委員會》，中國第二歷史檔案館藏，檔號：787-11655，頁 44。

部隊，充實必要資料存檔備查，可以營造仁安羌作戰時有兩個團參戰，成為師長指揮的史證。

（二）師參謀長的回顧

師參謀長為師司令部的總管，除政治作戰外，綜理全師事務，檢視參謀長的回顧有助於釐清史實。司令部編撰「戰鬥詳報」的作業程序，以作戰科為主管單位，戰後彙集各參、各政及下級部隊的資料整理成案，由參謀長審稿修正，會政治部主任意見後呈核。當時的新 38 師參謀長何鈞衡（1903-1994），在仁安羌作戰 48 年後所著〈轉戰中印緬戰區的新編第三十八師〉（1990）一文，其中記載仁安羌作戰經過為：「師以第 112 團居左翼，並以一部包圍敵人。以第 113 團居正面，直攻包圍英軍之敵。翌日拂曉開始攻擊，出敵不意，將包圍英軍之敵第 33 師團先頭部隊擊潰，敵死傷甚多，我乘勝追擊 20 餘里。」[91] 這段以 2 個團參加仁安羌作戰的回憶，和經由他審稿的「戰鬥詳報」所載，4 月 20 日 24 時下達卻並未實施的攻擊命令，以第 112 團在左翼為主攻相同。對第 113 團在 18、19 兩日英勇奮戰，犧牲重大的作戰經過隻字未提。若仁安羌作戰確實以 2 個團的攻擊取得勝利，何以孫立人呈報羅卓英，據以致電蔣中正仁安羌捷報時，參戰部隊僅舉第 113 團一個團。[92] 在戰後敘獎時，團長階層獲頒雲麾勳章者，也只有劉放吾一人。其他獲獎或表揚人員，包括在數百公里外留守曼德勒並未參戰的參謀長都記大功一次。[93] 而所指在前方擔任主攻，斃敵甚眾，乘勝追擊 20 餘里的第 112

91　何鈞衡，〈轉戰中印緬戰區的新編第三十八師〉，收入中國人民政治協商會議全國委員會文史資料研究委員會《遠征印緬抗戰》編審組編，《原國民黨將領抗日戰爭親歷記：遠征印緬抗戰》（北京：中國文史出版社，1990 年），頁 142。

92　「羅卓英電蔣中正報告劉放吾團經激戰占領仁安羌救出被圍英緬軍第一師並由敵人手中奪獲英方車輛其作戰努力請給予獎勵」（1942 年 4 月 20 日），〈遠征入緬（一）〉，《蔣中正總統文物》，國史館藏，數位典藏號：002-090105-00006-005。

93　何鈞衡，〈轉戰中印緬戰區的新編第三十八師〉，收入中國人民政治協商會議全國委員會文史資料研究委員會《遠征印緬抗戰》編審組編，《原國民黨將領抗日戰爭親歷記：

團團長陳鳴人（1910-1984），卻連記功都沒有，正因為他沒有參戰。該團於20日到達賓河北岸時，解圍作戰於19日傍晚結束，英軍已被救出，後奉第5軍電令與第113團會合北上。因此仁安羌作戰沒有策訂過2個團的攻擊命令，是在戰後編撰「戰鬥詳報」時才另外添加的資料。師參謀長撰寫仁安羌作戰經過，仍以這則並不存在的攻擊命令，當成仁安羌的全程作戰經過。師參謀長為全師最進入狀況的幕僚長，他的著作和「戰鬥詳報」均可視為第一手史料。由於所載相同，成為新38師以2個團投入戰鬥的雙重史證，但都不符史實，仁安羌作戰真相蒙塵其來有自。

　　國史館典藏的遠征軍作戰檔案，有一則第113團在仁安羌救出英軍後，4月20日，司令長官羅卓英向蔣中正報告戰況的電文，表示據孫師長報稱，劉團經兩晝夜激戰占領仁安羌，救出被圍英緬軍第1師7,000餘人，以該團作戰努力報請獎勵（圖24），[94] 很清楚的記載仁安羌作戰只有第113團一個團。22日，蔣中正電緬甸參謀團團長林蔚次長，轉史〔迪威〕參謀長、羅〔卓英〕長官，轉孫〔立人〕師長、劉〔放吾〕團長：「據報我第一一三團在葉南陽〔仁安羌〕激戰以後救出友軍數千名，并克復葉南陽〔仁安羌〕重鎮，殊堪嘉慰。」[95]（圖25）從前方致電和軍事委員會的核覆，都記載仁安羌作戰的部隊只有第113團一個團。蔣中正在4月20日的日記中寫下：「此乃緬戰轉勝之機乎。……預定一、電獎劉團長。」[96] 次（21）日，親擬

遠征印緬抗戰》（北京：中國文史出版社，1990年），頁142。

94　「羅卓英電蔣中正報告劉放吾團經激戰占領仁安羌救出被圍英緬軍第一師並由敵人手中奪獲英方車輛其作戰努力請給予獎勵」（1942年4月20日），〈遠征入緬（一）〉，《蔣中正總統文物》，國史館藏，數位典藏號：002-090105-00006-005。團為師編制上的所屬單位，電報為易於識別及精簡內容，常以主官姓氏取代部隊番號，「孫師劉團」為新38師第113團的簡稱。

95　「蔣中正電林蔚轉史迪威羅卓英孫立人劉放吾據報一一三團在葉南陽救出友軍數千名并克復此重鎮希即報陣亡官兵姓名以憑敘勳等語」（1942年4月21日），〈遠征入緬（三）〉，《蔣中正總統文物》，國史館藏，數位典藏號：002-090105-00008-281。

96　「蔣中正日記」，1942年4月20日，史丹佛大學胡佛研究所藏。

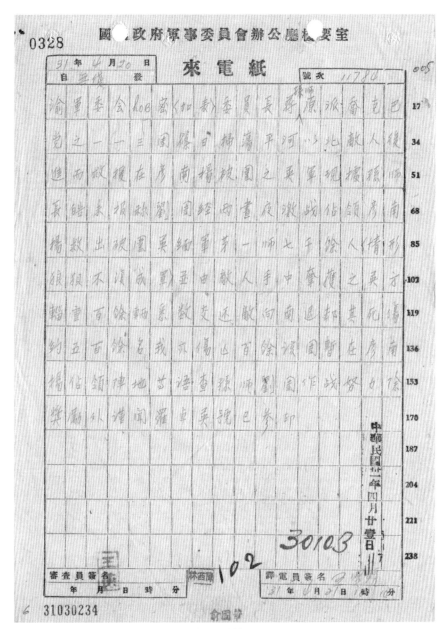

圖 24：羅卓英電蔣中正第 113 團仁安羌作戰捷報

資料來源：「羅卓英電蔣中正報告劉放吾團經激戰占領仁安羌救出被圍英緬軍第一師並由敵人手中奪獲英方車輛其作戰努力請給予獎勵」（1942 年 4 月 20 日），〈遠征入緬（一）〉，《蔣中正總統文物》，國史館藏，數位典藏號：002-090105-00006-005。

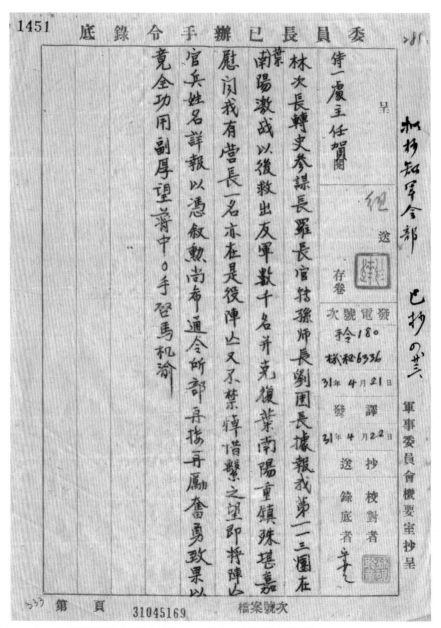

圖25：蔣中正電林蔚轉主要幹部第113團救出英軍殊堪嘉慰

資料來源：「蔣中正電林蔚轉史迪威羅卓英孫立人劉放吾據報一一三團在葉南陽救出友軍數千名并克復此重鎮希即報陣亡官兵姓名以憑敘勳等語」（1942年4月21日），〈遠征入緬（三）〉，《蔣中正總統文物》，國史館藏，數位典藏號：002-090105-00008-281。

電稿：「再接再厲，奮勇致果，以竟全功，用副厚望。蔣中正手啟。」[97] 師參謀長何鈞衡的回憶，也記下全師獲頒雲麾勳章的團長只有第 113 團團長劉放吾一人，仁安羌解救英軍安全撤出的部隊為第 113 團一個團，史證明確。

六、英軍突圍的解析

　　1942 年 4 月 21 日重慶《大公報》大標題報導：〈緬境捷報　我軍攻克仁安羌　油城重見天日被圍英軍救出　我軍正面刻阻敵於平蠻附近〉（圖26），次（22）日亦刊出相關報導：「【中央社倫敦二十一日路透電】克復油田中心仁安羌一事，直如暴風雨前暫時沉寂中之一道清流，與最近之猛襲東京大阪及名古屋同受歡迎……消除英軍陣線完全崩潰之危機。」「【中央社新德里二十一日路透電】據緬甸公報：華軍現已佔領仁安羌。公報內稱：因我裝甲部隊與華軍聯合進擊仁安羌之結果，伊洛瓦底戰場上有重大成就。華軍了該區英軍主力以極大之援助。」「【中央社紐約二十一日路透急電】據全印電台廣播訊，緬甸公報證實克服仁安羌之消息。」[98] 24 日刊出美國各報的報導：〈仁安羌之捷　美各報讚揚　認係緬境盟軍首次捷音　欲求久守須以空軍增援〉，提及「【中央社華盛頓二十三日專電】美國報紙咸以顯著地位登載華軍克復伊洛瓦底江仁安 油田及救出英軍之消息。各報之大字標題為『華軍拯救緬甸盟軍』，『史蒂威爾部下華軍擊退緬甸敵軍』，『華軍解救在緬被困英軍』，及『華軍攻進緬甸油田』。」（圖27）當時的國際新聞包括倫敦、緬甸、新德里、華盛頓、紐約及美國媒體都廣為報導，尤其倫敦及印、緬均為英方治理地區，同樣刊登國軍解救英軍的捷報，第 113 團在仁安羌替英軍解圍的史實概可定論。經由國際媒體接續 4 天的報導，中外皆知。

---

97 「蔣中正電史迪威羅卓英國軍第一一三團克復葉南陽重鎮殊堪嘉慰望詳報陣亡官兵以憑敘勳」（1942 年 4 月 21 日），〈革命文獻—同盟國聯合作戰：遠征軍入緬（二）〉，《蔣中正總統文物》，國史館藏，數位典藏號：002-020300-00020-011。

98 〈緬境盟軍取得聯絡　我攻克仁安羌之役英倫欣慰　緬東兩路無變化我軍苦鬥中〉，《大公報》（重慶），1942 年 4 月 22 日，版 2。

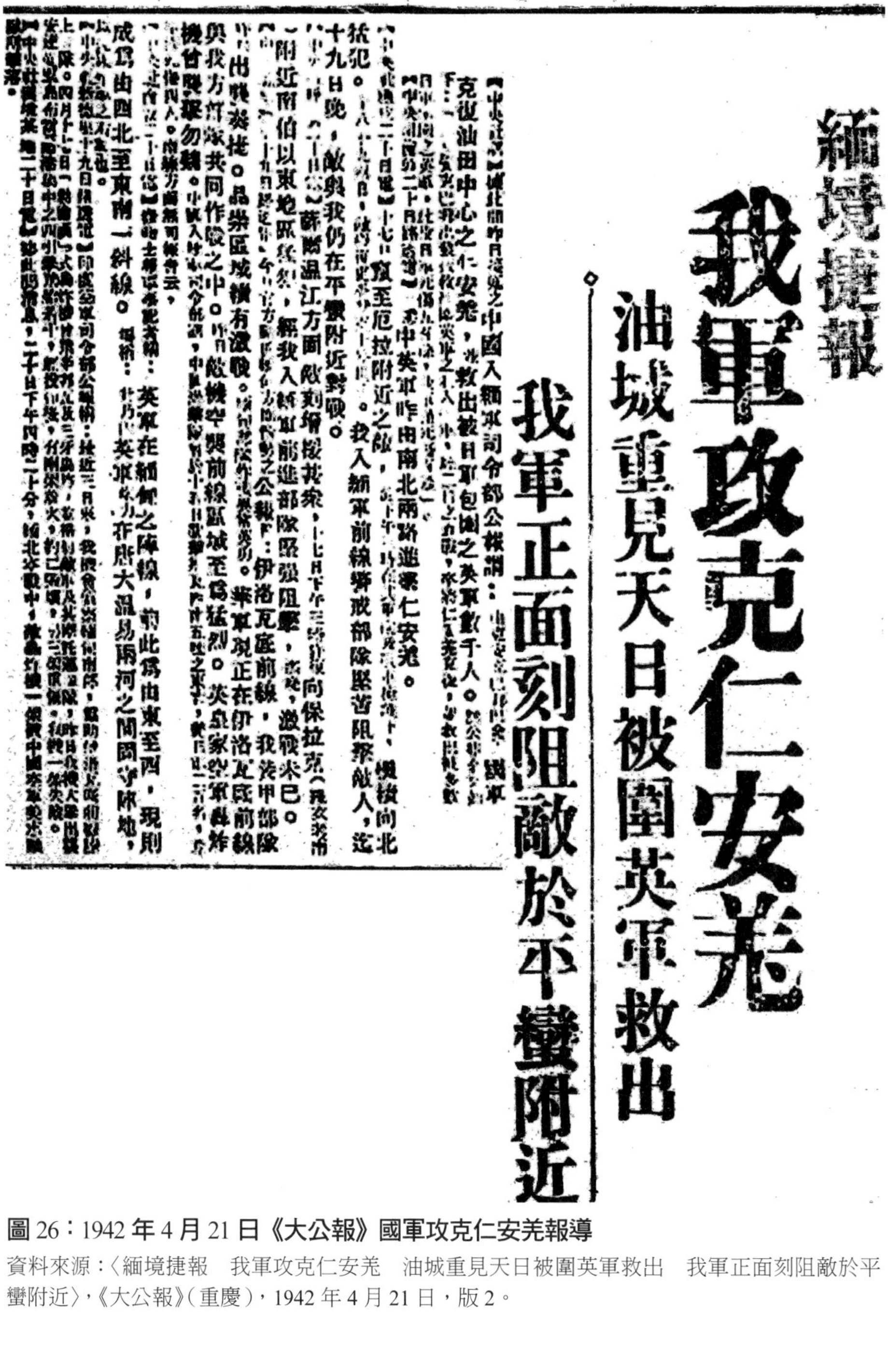

緬境捷報

我軍攻克仁安羌

油城重見天日被圍英軍救出

我軍正面刻阻敵於平蠻附近

【中央社[illegible]】[illegible]中國入緬軍司令部公報謂：[illegible]國軍克復油田中心之仁安羌，[illegible]救出被日軍包圍之英軍數千人。[illegible]

【中央社[illegible]二十日路透電】[illegible]中英軍昨由南北兩路進擊仁安羌。

【中央社[illegible]二十日電】十七日竄至厄拉附近之敵，[illegible]。我入緬軍前線警戒部隊堅苦阻擊敵人，迄十九日晚，敵與我仍在平蠻附近對戰。

【[illegible]二十日[illegible]】薛當溫江方面敵刻增援甚衆，[illegible]向保拉克（[illegible]）附近開伯以東地區[illegible]，經我入緬軍前進部隊堅強阻擊，[illegible]激戰未已。

【[illegible]】[illegible]公報云：伊洛瓦底前線，我裝甲部隊[illegible]出戰奏捷。晶崇區域續有激戰。[illegible]華軍現正在伊洛瓦底前線與我方[illegible]部隊共同作戰之中。[illegible]敵機空襲前線區域至為猛烈。英皇家空軍轟炸機曾[illegible]勿[illegible]。[illegible]

【[illegible]二十日[illegible]】[illegible]英軍在緬甸之陣線，前此為由東至西，現則成為由西北至東南一斜線。[illegible]英軍[illegible]在[illegible]大[illegible]兩河之間固守陣地，[illegible]

【[illegible]十九日[illegible]】[illegible]

【中央社[illegible]二十日電】[illegible]二十日下午四時二十分，[illegible]

圖 26：1942 年 4 月 21 日《大公報》國軍攻克仁安羌報導

資料來源：〈緬境捷報　我軍攻克仁安羌　油城重見天日被圍英軍救出　我軍正面刻阻敵於平蠻附近〉，《大公報》（重慶），1942 年 4 月 21 日，版 2。

圖 27：1942 年 4 月 24 日《大公報》仁安羌之捷美各報讚揚報導

資料來源：〈緬甸戰況〉、〈仁安羌之捷　美各報讚揚　認係緬境盟軍首次捷音　欲求久守須以空軍增援〉,《大公報》(重慶)，1942 年 4 月 24 日,版 2。

（一）斯利姆的回憶

第二次世界大戰結束後，斯利姆撰寫緬甸作戰的回憶錄《反敗為勝》，他在仁安羌作戰這部分，首先替讀者建立一個假象，指中國軍隊沒有時間觀念，那些把時間訂得很確切的計畫很可能會以失敗告終。如果約定在 8 時做某件事，無論這件事是對敵人發起攻擊或開飯，對他們言，這和 4 時或 12 時沒什麼兩樣。[99] 此說沒有說服力，作戰是群體的行動，必須準時按計畫實施，方能發揮統合戰力達成任務。德意志統一時，指揮普奧、普法兩次作戰勝利的參謀總長毛奇（Helmuth Karl Bernhard Graf von Moltke, 1800-1891）曰：「軍隊的行動要像鐘擺一樣準確。」軍隊視為名言，逾時發起攻擊或臨陣退縮都觸犯軍法，對官兵而言這只是常識問題，絕不是 4 時或 12 時沒什麼兩樣。在作戰實務上，準備拂曉攻擊的前一天，官兵全部納入管制，完成作戰準備。各部隊利用夜暗掩護，向攻擊發起線分進，按時發起攻擊，除戰場最高指揮官外，沒有人有權停止或改變部隊行動，擅自推遲攻擊的指揮官將以貽誤戰機論處，官兵脫離隊伍將觸犯敵前逃亡罪。遠征軍的法令森嚴到各人缺乏安全感，[100] 那是基層連長就可以槍斃人的年代，[101] 可以就地正法以肅軍紀。斯利姆曾經與遠征軍併肩作戰，了解國軍的法紀嚴峻，卻在《反敗為勝》寫下這些不實記載。旨在先灌輸讀者認為中國軍隊不守時，沒有法紀觀念，為爾後誣指國軍一再推遲攻擊，英軍只得按既定時程發起攻擊，以符合獨自作戰，自行突圍的假象。

斯利姆記述英軍突圍的經過：本來希望中國軍隊可以在 19 日天亮不久就進攻，渡過賓河拿下距離淺灘以南約 1 英里（約 1.6 公里）的敦貢村，結果他們沒能及時準備好，藉口缺水未按時攻擊。經過不斷協商，對方允諾最

99　William Slim, *Defeat into Victory* (London: Cassell and Company, Ltd., 1956), p. 64.

100　黃仁宇，《從大歷史的角度讀蔣介石日記（增訂本）》（北京：九州出版社，2011 年），頁 332。

101　曹英哲，〈河北學者從軍行，滇雨巔巔作戰勇〉，收入袁梅芳編著，《中國遠征軍 II：老戰士訪談錄》（香港：紅出版、青森文化，2017 年），頁 163。

早在 12 時半進攻，於是我被迫選擇，讓斯高特師長推遲原定 7 時的進攻，等待中國軍隊完成準備，還是要按照原定計畫行動。我決定按時進攻，總好過讓部隊和裝備在沒有水源的情況下，繼續被日軍的火砲轟擊和空中炸射。7 時，英緬軍第 1 師重新嘗試突圍，但日軍在獲得增援後即制住英軍的努力。**部隊受到日軍更強烈的砲擊，在高溫酷暑下缺乏供水，官兵精疲力竭傷亡慘重，「被圍堵著不能動彈」。到了這個階段，緬甸營已經不聽軍官命令，開始潰散，緬甸第 1 旅報告他們的隊伍已經靠不住，第 13 旅也稱一些戰士已經渙散。**[102] **斯利姆的記載，說明 19 日晨英軍突圍不成，傷亡慘重士氣崩潰，被圍堵著不能動彈，已經沒有能力自行突圍。又表示：中國軍隊約定好 12 時半開始進攻，又再次推遲到 14 時，之後又要改到 16 時，終於在 15 時發起攻擊。**[103] 不幸的是，此時英緬軍第 1 師的通訊已經中斷，因此英軍在絕望中的最後努力，無法與中國軍隊的攻擊相互呼應。他們發現一條小路可供車輛直通賓河，於是師長斯高特將部隊編組成縱隊，在戰車和步兵帶領下蹣跚行走，通過狹窄而崎嶇的路面和小丘，路的盡頭變成沙地時，幾輛走在前面的救護車輛陷下去，整個縱隊停止下來。斯高特盡可能的把傷員移置在坦克上，下令放棄車輛徒步前行。一些人跟著縱隊移動，一些人組成小隊前行，在河的對岸（北岸）終於見著了中國軍隊。一看到賓河，士兵們一個個興奮地撲上去飲水止渴。[104]

斯利姆回憶錄這段記載可以高度質疑，英軍被困 2 天突圍不成，傷亡重大不能動彈。圍堵的日軍忽然全部消失，所以他們不必以戰鬥隊形展開攻擊，從日軍的多層攔截陣地打出來。只要編成縱隊，沿著一條車輛可通行的小路，處理一些困難就可以走到賓河自行出圍。而此時在同一個戰場上進行聯盟作戰的國軍第 113 團則陷入激戰，傷亡過半。如果沒有第 113 團擊潰日軍，占領陣地掩護英軍撤出，已經失去戰力的英緬軍第 1 師 7,000 餘人，怎

---

102 William Slim, *Defeat into Victory* (London: Cassell and Company, Ltd., 1956), p. 70.

103 William Slim, *Defeat into Victory* (London: Cassell and Company, Ltd., 1956), p. 70.

104 William Slim, *Defeat into Victory* (London: Cassell and Company, Ltd., 1956), p. 71.

能帶著戰車、輜重安然離去。

（二）戰史的印證

　　4 月 19 日的仁安羌戰場，英軍突圍，國軍解圍，分從南北夾擊日軍。對照前述國軍、日軍戰史及斯利姆回憶三方面的資料，可以確認第 113 團發起攻擊的時間。

　　國軍史政編譯局的戰史記載，第 113 團於晨間 4 時 30 分在夜暗掩護下渡過賓河，拂曉迫近敵人陣地開始攻擊。[105] 劉放吾是當天指揮作戰的團長，追憶 19 日的作戰經過：「以午前 8 時 30 分至午後 1 時許最為激烈。敵人曾以大隊飛機及砲兵，向我部隊作猛烈轟炸和砲擊。步兵在飛機大砲掩護下向我反撲，幸賴將士用命，前仆後繼與敵反覆衝殺，數次肉搏，卒將頑敵擊潰。」[106] 從午前 8 時 30 分開始進入激戰狀態，則攻擊發起時間當在更早，符合拂曉攻擊的記載。從國軍戰史及劉團長回憶，說明斯利姆指國軍 15 時才發起攻擊的記載不實。15 時是救出前述 17 日囚禁在敦貢村被俘英軍的時間。日軍戰敗潰退，棄守圍堵陣地，英軍始能在沒有敵情的阻攔下，不經戰鬥，編成縱隊的撤退到賓河。此時接近傍晚，斯利姆稱終於見到國軍，所見到的國軍是在河邊的後方勤務人員。戰鬥部隊在 4 月 19 日晨間，天色未明就夜渡賓河，於拂曉發起攻擊，激戰竟日擊退日軍，下午 15 時占領陣地掩護英軍撤退。失去戰力、乾旱缺水的英軍，才能如斯利姆所形容，一個個興奮的撲向賓河痛飲河水。

　　日本防衛廳防衛研修所戰史室的資料：4 月 18 日擊退突圍英軍的第 214 聯隊，整頓戰線以備翌日戰鬥。命令從北岸撤回的高延第三大隊由中井山砲大隊管制，與部署在此地的杉浦第二大隊會合，形成聯隊主力的集結。

---

105 國防部史政編譯局編，《抗日戰史：滇緬路之作戰》（臺北：國防部史政編譯局，1982年，再版），頁 70。

106 劉偉民，《劉放吾將軍與緬甸仁安羌大捷》（香港：今日出版社，2007 年，第四版），頁 27。

此時第一大隊長德重房夫率部趕到增援，作間聯隊長大喜，除統合各部隊戰力以鞏固東北角的防務，並命德重大隊於明晨拂曉突進至英軍側背實施側擊。19 日晨，英軍再度集中全火力於其東北角發起攻擊，展開一場激戰。另一方面，位於北方賓河之敵增強兵力（按：第 113 團同時發起攻擊），聯隊長不得已再增援一個中隊至該方面。[107] 從日軍戰史的記載，證明國軍第 113 團發起攻擊的時間與英軍概同，都在 4 月 19 日晨。由於北方中國軍隊的攻擊比南方英軍突圍更加猛烈，迫使日軍抽調兵力向北增援。

　　從相關史料解析 4 月 19 日仁安羌戰場的景況，中日雙方戰史及指揮作戰的團長劉放吾回憶，都記載第 113 團發起攻擊的時間在 19 日晨。證明斯利姆在回憶錄寫下中國軍隊沒有時間觀念，一再推遲攻擊至下午 3 時，於是英軍自行脫困的記載不實。下午 3 時實際是國軍在敦貢村救出被俘英軍等的時間，若非第 113 團激戰竟日突破敵陣，占領要點實施掩護，被困英軍不可能不受截擊也未經戰鬥，就如斯利姆所言般編成縱隊沿道路安全撤出。東京《朝日新聞》轉載日本陸軍的戰況報導：「仁安羌戰鬥於 4 月 17 日以奇襲展開，捕殲英印聯合軍，英方以重慶軍的支援做為唯一倚賴。」[108] 指出被圍英軍得以撤出係中國軍隊所救。

（三）國軍是否缺水

　　斯利姆指國軍未按時攻擊的原因是缺水，在水源補充之前無法發起攻擊。[109] 此說不實，部隊準備作戰的後勤需求，除「團體攜行量」外，每位戰鬥員的「基本攜行量」是彈藥一個基數、手榴彈兩枚、口糧一餐份、水壺裝滿，可以作戰一日不需補充。英緬軍第 1 師的退路被截，補給中斷所以缺水。第 113 團前往解圍有備而來，糧彈飲水等在出發前必定準備充足。4 月

---

107 日本防衛廳防衛研修所戰史室編，曾清貴譯，《緬甸攻略作戰》，日軍對華作戰紀要叢書（44）（臺北：國防部史政編譯局，1997 年），頁 510-511。

108〈マンダレー攻略の経過〉，《朝日新聞》（東京），1942 年 5 月 5 日，版 2。

109 William Slim, *Defeat into Victory* (London: Cassell and Company, Ltd., 1956), p. 71.

18 日晨第 113 團發起攻擊，12 時許攻抵賓河北岸與敵對峙，作戰半天水源就在旁邊，沒有缺水問題。19 日的作戰，經過一夜整補不會缺水。第 113 團在天明前利用夜暗掩護渡河，拂曉從南岸發起攻擊，此時水源已在國軍後方，更無缺水顧慮。

斯利姆提及國軍缺水的場景：「當我到達一個靠近前線的中國軍隊指揮所時，一位肥胖的中國軍官還大聲地向我抱怨，說他的手下因為沒有水，所以沒法進攻，說得煞有其事，我注意到他繫在腰帶處的大水壺，即使他激動地指手畫腳之時，水壺還牢牢地貼在他屁股上，我走向他，舉起水壺晃了晃，一壺滿滿的！他突然中斷抱怨，圍觀的人也突然安靜下來，然後人群中爆出了大笑聲，胖軍官也跟著大笑起來，之後他也就不再囉嗦，應允 3 點之前向敵軍進攻，他們也的確那麼做了。」[110] 這部分為不實記載，部隊即將開戰，生死立見，此時各級指揮所氣氛嚴肅，不可能出現有位胖軍官向長官大聲抱怨及眾人爆笑的場景。平時訓練、演習都不許可，何況戰時，編造這些場景，當為不知道第一線部隊作戰實況者所寫。斯利姆熟悉戰場實務，作戰經驗豐富，所寫的回憶錄不會如此離譜，係由他人代筆完成。

（四）回憶錄的解析

斯利姆對仁安羌作戰的記述，主要在掩蓋國軍解救英軍的事實，雖然稱讚第 113 團是支訓練嚴格、有作戰經驗的部隊，對團長在砲火下的勇敢沉著深具信心，譽為優秀幹練的軍人，又指部隊沒有法紀觀念、不遵守時間則互相矛盾。優秀幹練的團長指揮訓練嚴格又有作戰經驗的部隊，怎可能沒有法紀觀念或開戰不遵守時間。此等說法旨在貶低國軍形象，為英軍自行突圍製造理由。回憶錄指國軍部隊藉口缺水，一再拖延攻擊的問題不在孫將軍身上，因為他有「許多」承諾接受命令卻不執行的下屬，此說也是編造，每一位當過部隊指揮官的職業軍人都知道，下令開戰時不可能出現許多抗命不執

---

[110] William Slim, *Defeat into Victory* (London: Cassell and Company, Ltd., 1956), p. 71.

行的下屬，因為敵前抗命會立即槍決。如果孫立人到前線督戰，發現這種狀況而沒有處置應負最大責任。斯利姆不可能譴責部隊抗命反而替負責督戰的孫立人開脫，這些記載顯然由不知兵者所代筆。

從賓河南岸的作戰檢視斯利姆回憶錄，4 月 19 日第 113 團的作戰計畫，於 18 日下午舉行作戰會議進行研討，定於次晨拂曉發起攻擊。在時空因素上，部隊就必須在深夜密匿行動向賓河各渡河點分進潛行，按計畫於晨 4 時 30 分在夜暗掩護下開始渡河，才能在拂曉從南岸發起攻擊替英軍解圍。19 日戰鬥中敵我雙方傷亡重大，反覆爭奪 501 高地，預備隊第 3 營營長張琦在激戰中壯烈成仁，到下午 3 時占領敦貢村，直到救出全部英軍。整個作戰過程係以戰鬥隊形展開，我軍攻堅在野戰中連續進行，直至日軍潰退結束戰局，其間絕不可能半途中止不前。日軍戰史記載國軍在 19 日晨從北岸發起攻擊，而且比南方突圍的英軍戰力強大。證實斯利姆回憶錄記載 19 日部隊行動時有位不明身分的胖軍官大聲抱怨缺水，一再推遲攻擊，從晨 7 時延到 12 時半，又延到 14 時，再改到 16 時，終於在 15 時發起攻擊全屬虛構。斯利姆刻意營造中國軍隊紀律渙散，推遲攻擊的場景，以圓其編造的英軍雖然傷亡重大乾旱缺水，撤出時並未受到日軍截擊，未經激戰而獨自編成縱隊，經由崎嶇道路自行撤出的謊言。當時中外媒體的報導，戰後遠征軍的捷報與蔣中正的覆電，都證明國軍救出英軍的事實，如果不是國軍及時救援，糧彈飲水具盡、已經失去戰力瀕臨崩潰的英緬第 1 師早就被擊滅。斯利姆回憶錄中關於仁安羌作戰的記載不符史實的部分甚多，參考價值有限。

（五）其他日記及回憶錄解讀

史迪威、亞歷山大、斯利姆均為 1942 年盟軍在緬甸作戰的高階指揮官，他們的戰時日記和回憶錄，都是探證此次作戰的重要資料，試為解讀。4 月 19 日仁安羌決戰當天，史迪威的日記寫著：「羅卓英和杜聿明 10 點 30 分來訪。現在這些傢伙的臉上有了笑容。我們又有一個絕好的機會，在仁安羌大開殺戒。亞歷山大、斯利姆、羅卓英、杜聿明、溫特頓〔按：英軍少

將，亞歷山大的參謀長〕等人來訪，我的人很怕日本人，肚子痛了半天，他們把午飯推遲到 3 點 15 分。仁安羌今天的情況不是很妙，中國人進攻的正面過寬，斯利姆擔心緬甸師會被澈底擊潰。」[111]

這份日記指出，仁安羌決戰當天，盟軍高階將領都在位於瓢背的史迪威指揮所開會。羅卓英和杜聿明 10 時 30 分已經到達，則表定的開會時間當在上午 11 時，會後午餐。由於討論事項太多，包括仁安羌的危機令人憂心，延誤到 15 時 15 分才用午餐。斯利姆參加當天的會議，賓河附近的戰場距瓢背約 180 公里，以當時路況概在 4 小時車程上下。[112] 若 11 時要趕到會場，則晨 7 時以前就要出發，若下午 15 時會議結束即刻趕回戰場，最快也要下午 18 時以後到達，此時英軍已經救出，斯利姆全天都不在戰場指揮作戰。

斯利姆回憶錄記載：當天到達前線視導一個國軍的指揮所時，和一位肥胖的中國軍官因缺水而產生推遲攻擊的議論，到下午 15 時才開始攻擊，史迪威的日記證實全屬虛構。4 月 19 日上午斯利姆在瓢背開會，下午 15 時許他正在瓢背用午餐，不可能同時出現在相距約 180 公里的仁安羌戰場，去聽胖軍官抱怨及檢查他的水壺。斯利姆又記述原本計畫天亮開始攻擊，又說國軍不斷改變時間，終於在 15 時發起攻擊。這份只為掩蓋國軍曾經解救英軍的虛構資料，何需不厭其詳的記述國軍推遲攻擊的每一個時間點。不排除斯利姆在回憶錄留下這些時間上的紀錄，表示仁安羌作戰時，他始終和官兵在一起，全天都在戰場指揮作戰，以掩飾決戰時刻，以開會名義遠離戰火，放棄指揮職責的行為。19 日當天的作戰將決定英緬軍第 1 師存亡，斯利姆應該嚴守崗位指揮作戰，以聯盟作戰指揮官的權責與威望，管制被日軍隔絕在賓河兩岸的中英盟軍，以協調一致的行動，發揮統合戰力解救英軍安全撤出，瓢背的會議可派參謀長戴維斯（Henry L. Davies, 1898-1975）代理出席。斯利姆以其決戰在即卻遠離戰火，置英緬第 1 師存亡於不顧的指揮道

---

111 史迪威（Joseph W. Stilwell）著，林鴻譯，《史迪威日記》（哈爾濱：北方文藝出版社，2014 年），頁 88。

112 賓河橋頭至瓢背並非主幹道，以碎石道或土路較多，車型不同其行車時間亦有差異。

德，誣指為解救英軍而付出重大犧牲的國軍延遲攻擊，藉以編造英軍自行突圍的假象並不意外。

　　戰區召開高階將領會議，出席名單由緬甸戰區總司令亞歷山大核定。英軍在緬甸總兵力只有2個師1個裝甲旅，被圍部隊接近英軍在緬甸總兵力的半數，此刻還有什麼比援救1個師及配屬戰車營免於被殲滅更重要的事，斯利姆應該嚴守崗位指揮作戰，會議派代表參加即可。亞歷山大卻於決戰時刻任其捨下官兵離開部隊來開會，留下中英兩軍各自為戰，殊為不當。而出乎意料的第113團竟然以寡擊眾戰勝日軍，解救英緬軍第1師安全撤出。然而亞歷山大的回憶錄，卻寫下「中國軍隊從未贏得過一次對日作戰」的不實記載。[113] 以戰區的管制規定，重要作戰狀況都應盡速呈報總司令得知，何況

圖28：英國前首相柴契爾夫人會晤劉放吾將軍致謝
資料來源：劉偉民提供。

---

[113] Alexander of Tunis, *The Alexander Memoirs, 1940-1945* (Barnsley: Pen & Sword Books Ltd., 2020, reprint ed.; 1st ed. 1962), pp. 93-94.

SECRETARY OF STATE

MINISTRY OF DEFENCE
WHITEHALL LONDON SW1A 2HB
Telephone 071-21 82111/2/3

D/S of S/104/92D

10th June 1992

Dear General Liu,

    Mrs Margaret Thatcher has written to me telling me of her meeting with you in New York in April and of your actions, and those of your regiment, in helping to extricate the British 1st Burma Division from encirclement by the Japanese at Yenangyaung in Burma in April 1942.

    This year saw the fiftieth anniversary of the battle, which was clearly fought under the most testing and difficult of conditions during the darkest days of the war against the Japanese. May I therefore take this opportunity to express my warmest appreciation for the support you and your Regiment gave to the British Army, despite very considerable casualties.

Sincerely,

Malcolm Rifkind

General Liu Fang-Wu

Recycled Paper

圖 29：時任英國國防部長芮夫金致劉放吾將軍感謝函
資料來源：劉偉民提供。

當天他就在瓢背的史迪威前方指揮所，仁安羌戰勝必定知曉，且戰後國際媒體、印度廣播及緬甸公報均多所報導，他很清楚中國軍隊在仁安羌戰勝日軍救出英軍。第 113 團解救英軍也是應他所求而派出，此戰傷亡過半可謂因他而起。戰後編寫回憶錄未能公正述事，居高位而無誠信，有虧為將之道。

　　1992 年，仁安羌大捷 50 週年前夕，英國前首相柴契爾夫人（Margaret H. Thatcher, 1925-2013）訪美時，特別在芝加哥會晤劉放吾將軍。（圖 28）代表英國政府及人民，感謝他在二次大戰時，指揮所部解救英軍的壯舉。[114]返回英倫後，並由當時擔任國防部長的芮夫金（Malcolm Rifkind）致函：「劉將軍勛鑑：瑪格麗特・柴契爾夫人寫信告訴我，她 4 月在紐約〔按：應為芝加哥〕與您會晤，並告知 1942 年 4 月於緬甸仁安羌，您及您所領導的全團官兵，解救被日軍包圍的英緬軍第 1 師的英勇事蹟。今年是此戰役 50 週年，該役發生在對日作戰最黑暗的時期，也是最為艱苦的一場戰役，貴團官兵為解救英軍傷亡慘重。請讓我在這裡，向您和您領導的貴團官兵解救英軍於危難的義舉，表達最誠摯的謝忱。馬爾康・芮夫金」。（圖 29）[115]柴契爾夫人的親自會見感謝，和芮夫金部長代表官方正式致函道謝，都確認國軍在仁安羌作戰時，戰勝日軍解救英軍的歷史事實，也撫慰了第 113 團為解救英軍而壯烈犧牲的官兵在天之靈，展現政治家的高度與胸襟。

七、結語

　　仁安羌戰鬥詳報的考證，以史料為依據，從法律層面、戰爭理論、軍事準則、結合作戰實務，藉以檢驗戰場景況探討歷史真相，歸納要點如次。

　　按軍隊指揮的定義，劉放吾奉羅卓英命令，率部到達喬克巴唐歸英軍指

---

114 〈仁安羌戰役五十年紀念　英國軍民不忘救援恩　佘徹特向劉放吾致謝〉，《世界日報》（洛杉磯），1992 年 4 月 11 日，版 A3。佘徹為柴契爾夫人的另譯。

115 劉偉民，《劉放吾將軍與緬甸仁安羌大捷》（香港：今日出版社，2007 年，第四版），圖頁 10。

揮，這項指揮權責的改變，經由聯盟作戰會議同意，羅卓英並向蔣中正呈報奉准。此後，第113團的指揮權在軍令上已經從孫立人轉移至斯利姆，於法有據。劉放吾從喬克巴唐前往仁安羌替英軍解圍，奉斯利姆手令而非孫立人命令。孫立人來到戰場，如果也要指揮第113團，將造成侵犯斯利姆指揮權的亂象，當為法紀所難容許。孫立人雖然趕到仁安羌，並沒有改變原來的身分，仍然是受杜聿明指揮的曼德勒衛戍司令，隨時準備指揮反空降、反第5縱隊等作戰任務。新38師並擔任平滿納會戰的總預備隊，完成曼德勒戰備任務及策訂會戰總預備隊的反擊計畫，均為其法定職責。孫立人在仁安羌作戰時期，係以客卿身分，發揮建議及協調功能，須在斯利姆授權下始能到前方督戰與指導。斯利姆部隊經驗豐富，歷經實戰考驗，不可能在攻擊即將發起時，突然敵前換將，把部隊交給連夜趕到戰場，初次見面了解不深，對當前的敵情地形不熟，尚未進入狀況的師長指揮。而把完成計畫、下達命令，已經做好一切準備的團長撤換下來。新38師參戰部隊只有第113團，師長到前方督導，師司令部及直屬部隊都在曼德勒加強戰備。「戰鬥詳報」由不在戰場的師司令部參謀編撰完成，儼然以孫立人為中心，記載仁安羌的作戰記要，低估斯利姆、淡化劉放吾，所載與戰場實況偏離甚遠。

《戰爭原則釋義》闡示，在同一作戰方面作戰之各部隊，不論其軍種、兵種必須有其單一的最高指揮官。仁安羌戰場的指揮關係，英軍第1軍斯利姆軍長統一指揮國軍第113團及英緬軍第1師。中英盟軍被賓河分隔兩岸，北岸國軍劉放吾團長指揮第113團所屬3個步兵營及英軍支援的戰車、砲兵；南岸英軍斯高特師長指揮英緬軍第1師及配屬戰車營。4月18日晨，斯利姆準備前往戰場視導部隊，稱劉放吾為「即將領導攻擊的中國團長」（國軍稱戰場上的領導為指揮官），當時隨同前往的孫立人在場。

《步兵團》作戰準則律定：「團長負責全團一切成敗全責」，「團的作戰指揮為團長職責」。準則並列舉「部隊指揮程序」的步驟與要項，平時依此要領訓練幹部，戰時各級指揮官用以指揮作戰。凡曾經擔任團長（轄3個營的旅長）或營長的步兵軍官，以學校教育所學和部隊演訓的體認，都可以佐證步兵團的作戰由團長指揮。

　　仁安羌協同作戰的指揮關係，有說孫立人到達後拆散第 113 團的協同作戰編組，單獨指揮戰車和砲兵顯然有誤。抗戰時期軍事委員會的準則規定，步戰砲協同作戰必須統一指揮，以支援步兵達成任務為目的，戰車、砲兵指揮官與步兵揮指官同在一處。「戰鬥詳報」記載：18 日拂曉我劉團展開於賓河北岸，與英軍協定戰車搜索、砲兵支援，向敵展開攻擊，已經說明此戰由步兵團長指揮協同作戰。「戰鬥詳報」又指師長星夜趕到親自指揮，前後自相矛盾，誤導歷史認知，成為引起爭論的源頭。此時所有的攻擊準備，都在 17 日下午第 113 團到達賓河北岸時，由團長按照「部隊指揮程序」完成。以團長職責，從攻擊準備到攻擊實施，均需親力親為一以貫之，於 18 日晨率部攻擊，指揮作戰責無旁貸。劉放吾回憶 4 月 18 日他的兵力部署：「當時第 113 團是正面迎敵，我率領第 1 營營長楊振漢所部在左邊，第 2 營營長魯廷甲的部隊緊靠在右，和日軍展開拚搏，第 3 營留作預備隊。」檢視「戰鬥詳報」所載的 18 日作戰經過要圖，與劉放吾的回憶相符合，所標示的部隊是 3 個步兵營及英戰車和砲兵，步戰砲都在同一份文件上，為步兵團長統一計畫，統一指揮協同作戰的具體事證。

　　參謀作業為求邏輯清晰，簡明扼要，各類公文書已經分門別類規格化，從作戰命令的內容可以判明指揮關係。以 3 或 2 個團為主戰兵力並包含師直屬部隊的作戰命令，為師長指揮。以 3 或 2 個營為主戰兵力，增加戰車、砲兵、工兵支援的作戰命令，為團長指揮。《作戰綱要草案》明定：作戰命令規定，軍隊之作戰行動者，冠以部隊之稱號。經考證「戰鬥詳報」檔案中的作戰命令，記載 4 月 18 日下達 19 日晨將在賓河南岸作戰的命令，以及 18、19 兩日的戰鬥經過要圖，主戰兵力均為 3 個步兵營。以參謀作業的規格都是團長指揮作戰，這些資料的標題稱號應為「陸軍新三十八師第一一三團」。〈戰鬥詳報〉均標示為「陸軍新三十八師」，未列團的稱號，明顯將團長的命令及戰鬥經過要圖，冠以師的頭銜，誤導為師長指揮。

　　從戰場景況觀察，4 月 18 日午時，第 113 團攻抵賓河北岸為敵所阻，遂暫停攻擊，召開作戰會議研討次日行動方案，軍長、師長出席指導。會中決定於天明前藉夜暗掩護渡河，拂曉再戰。師長從戰術運用有利及部隊安

全著眼，建議主攻在左。軍長未予採納，選擇對聯盟作戰有利及避免誤擊的方案，裁示主攻在右。從會議的進行，得見軍長為仁安羌作戰時的中英聯盟作戰指揮官，衡量賓河兩岸敵我情勢下達決心。師長參贊戎機，陪同軍長視導部隊，列席作戰會議，發揮建議及協調的功能。團長依據軍長裁示，按照「部隊指揮程序」策訂作戰計畫，召集部隊長及營部參謀下達攻擊命令（不是師長下令），並於 19 日拂曉統一指揮第 113 團及英軍支援的戰車、砲兵，實施步戰砲協同作戰，解救英軍安全撤出。軍長、師長、團長在仁安羌作戰的定位明確。

　　「戰鬥詳報」並增列一則 4 月 20 日 24 時下達以兩個團攻擊的命令，於明（21）日拂曉實施，準備和到達戰場的日軍第 33 師團主力決戰。而羅卓英的預備命令和斯利姆回憶錄，都證明孫立人當時的決定為撤離仁安羌，不是攻擊日軍主力。所以下達的只有一則撤退命令，實際行動也是 21 日凌晨向喬克巴唐實施遲滯作戰。證實這則以兩個團攻擊的師作戰命令，不是仁安羌作戰時期所策訂的計畫，係在戰後自行添加的虛構資料，嚴重違背必須輯錄「實戰經過」、記述「具體真相」的規定，收納在「戰鬥詳報」存檔，成為仁安羌作戰的不實歷史文件。這份文件賦予第 112、第 113 兩個團的作戰任務，附圖、附表齊全，目的在留下仁安羌作戰時期曾經以兩個團參戰的完整資料，成為師級部隊的作戰命令，誤導為師長指揮。

　　英軍也留下不實資料，《反敗為勝》記載，4 月 19 日的攻擊時間原本決定在上午 7 時，國軍因為缺水而推遲至下午 3 時才發起攻擊。表示被圍英軍並未等待，他們發現一條崎嶇的小路，編成縱隊自行走出來。英軍突圍並未經過激烈戰鬥就能脫困，原來圍困他們的日軍都消失不見，令人難以置信。實際的戰況為中國遠征軍第 113 團在緬甸仁安羌地區救出英軍一個師，當時國內、外新聞都廣為報導華軍解救英軍。戰場捷報電呈蔣中正，軍事委員會存檔備查，中日戰史的記載完整，足以定論。斯利姆回憶錄在仁安羌作戰這部分虛構甚多，顯由不熟悉第一線部隊作戰者所代筆，參考價值有限。亞歷山大回憶錄指「中國軍隊從未贏得過一次對日作戰」所言也就不實。仁安羌戰後 50 年，柴契爾夫人會見劉團長親自致謝，國防部長芮夫金代表英國官

方正式致函劉放吾將軍表達謝意，均以公正立場還原歷史事實。

　　仁安羌作戰的指揮關係爭論 80 年，解析新 38 師仁安羌戰鬥詳報的記史以不實居多，難言公信。由於官方編撰戰史、民間出版專書、學者發表論文及老戰士訪談多所引用，造成以訛傳訛流傳甚廣。**本文藉「戰鬥詳報」的考證，確認國軍第 113 團在仁安羌替英軍解圍，由團長劉放吾指揮，是為歷史真相。**

第四章
再思第一次緬甸作戰：
日本南方軍的作戰指導與其問題

一、前言

　　1941 年 12 月，以攻擊珍珠港為契機，日軍發動南方作戰，對馬來亞、新加坡、菲律賓和荷屬東印度群島等地進攻，並按原訂計畫進駐泰國。1942 年 1 月 20 日，在泰國完成集結的日軍第 15 軍突破泰緬國境，進攻緬甸南部的丹納沙林（Tenasserim）地區，揭開了緬甸作戰的序幕。緬甸作戰最初的目標只是確保泰國安全，而非攻占緬甸全境，因此日軍的作戰目標，僅止於奪取在丹納沙林的英軍據點。大本營及南方軍司令部因南方各處捷報頻傳的鼓舞，產生占領緬甸全境的想法，作戰目標逐漸擴大，直至占領緬甸全境及中國雲南省的西部邊區。此次作戰廣領空間，確保南方軍作戰的北翼安全，截斷中國沿滇緬公路通往海外的交通線，並形成威脅英屬印度的有利態勢。由於占領地區遼闊，以致備多力分，亦成為爾後盟軍反攻時，戰局失利的重要因素。本章透過分析日軍策劃以緬甸全境為作戰目標的過程，論述日本南方軍作戰指導的演變，以及某些日軍的決策及組織問題，亦即：缺欠戰略方針、中央與前線部隊的矛盾、無限制的擴大作戰範圍等，這些問題在中日戰爭（抗日戰爭）期間亦屢屢可見。歸納緬甸作戰的要點，概述於後。

二、日軍「和平進駐」法屬中南半島和泰國

　　1941 年夏，日本陸海軍著手策定以攻略東南亞地區為主的作戰計畫，至 11 月完成，名為「南方作戰計畫」。當時的作戰目標包含菲律賓、馬來

亞、荷屬東印度。在該計畫中，南方軍首先決定以 3 個軍與 2 個飛行團攻擊
上述三地區，其次並明定須確保泰國與越南的安全。如此，南方作戰計畫中
關於緬甸部分，僅止於下列之：第一期作戰期間，「第十五軍須與海軍合作
確保泰國，俾使馬來方面作戰易於進行。又準備爾後之緬甸作戰」，以及於
第三期作戰中，「占領緬甸要點」而已。因此，開戰時大本營對緬甸作戰還
沒明確的指導，只說「作戰告一段落後，若情況允許，即發動緬甸作戰。」[1]
第 15 軍係負責進駐泰國與爾後必需攻擊緬甸時的部隊，但該軍司令部當下
任務緊重，並未實施未來可能需要的作戰準備。1941 年 10 月以後，大本營
為了要確保泰國安全起見，才決定將該軍納入南方軍的作戰地境之內。如
此，直至太平洋戰爭爆發的時間點上，日軍還沒考慮到緬甸作戰的詳細內
容。關於大本營將緬甸納入南方軍作戰目標的理由，據當時的大本營參謀
瀨島龍三（瀨島龍三，1911-2007）回憶說：「大本營參謀等猶豫作戰目標
是『緬甸』或者『南部緬甸』，然而因不明將來的情況，漠然劃定以『緬甸』
為作戰範圍。」[2]

　　從這項曖昧的方針觀之，可以清楚理解到日軍是為了確保泰國與法屬中
南半島的作戰安全為出發點，據以設定緬甸作戰在整體南方作戰計畫中的位
置。再者，該方針的發端為 1941 年 6 月日軍進駐法屬中南半島南部。1941
年，日本陸海軍有鑒於蘇德關係的惡化，有意在東南亞行使武力而考慮以法
屬中南半島南部為據點。另一方面，由於此時日本陸海軍還沒下定決心對美
英開戰，對於武力行使不得不採取慎重的態度。[3] 所以，日本最後以「和平
進駐」的名義向法屬中南半島派遣部隊。[4]

　　但是這「和平進駐」法屬中南半島南部的結果，卻讓日本立即招致美國

1　防衛庁防衛研修所戰史室，《戰史叢書：ビルマ攻略作戰》（東京：朝雲新聞社，1967
　　年），頁 13。
2　防衛庁防衛研修所戰史室，《戰史叢書：ビルマ攻略作戰》（東京：朝雲新聞社，1967
　　年），頁 14。
3　波多野澄雄，《幕僚たちの真珠湾》（東京：吉川弘文館，2013 年），頁 75。
4　波多野澄雄，《幕僚たちの真珠湾》（東京：吉川弘文館，2013 年），頁 111-114。

的強烈反對。1941 年 6 月，美國發動對日經濟制裁，全面禁止石油出口。從日本來看，美國的經濟制裁意味著其南進政策面臨時間壓力的限制。由於日本石油存量有限，因此日軍內部提出需要趁著當下戰略態勢相對有利時，發動對美戰爭的論點，於是勵行武力南進的聲音就高漲了起來。[5] 在這樣的情況下，日本大本營開始具體策畫南方攻略作戰。像是派駐法屬中南半島南部的第 25 軍參謀，就有意識地展開馬來亞作戰的規劃，以確保法屬中南半島據點為目標。[6]

　　另外，對於緬甸來說，其實日方明確忽視其戰略意義。大本營陸軍部（陸軍參謀本部）第 1 部長的田中新一（1893-1976），雖然強硬主張南方作戰必須確保法屬中南半島、泰國，但關於緬甸方面只說「攻略」或「謀略」，缺乏明確的作戰方針。如此，日軍對緬甸作戰維持一種曖昧的態度直到開戰。[7] 這種曖昧性可見之於對泰國的關係。開戰後，日方沒有百分之百把握「和平進駐」可以成功，只是含糊地預測泰國「不會以武力抵抗」。[8]

　　1941 年 12 月 9 日，日軍兵分陸海兩路開始進駐泰國。因日方還未獲得泰國的同意就實行「進駐」，導致部分兵力與泰方發生武力衝突。最後靠泰國總理鑾披汶（Plaek Phibunsongkhram, 1897-1964）同意日方進駐才收拾殘局。日軍完成進駐泰國之後，雙方於 12 月 21 日簽訂《日泰同盟條約》。據此，日軍大本營達成確保當地穩定及運用泰國做為支援馬來作戰的根據地等方針。而日軍更根據此一「和平進駐」的結果，準備發動緬甸作戰。

5　森山優，《日本はなぜ開戰に踏み切ったか—「兩論併記」と「非決定」》（東京：新潮社，2012 年），頁 54。
6　飯田祥二郎，〈ビルマ戡定作戰（上卷）　昭 16・7 ～ 17・6・15〉，防衛研究所戰史研究センター史料室藏，請求番號：南西 - ビルマ -27。
7　田中新一，〈昭和 16・11・28 ～ 17・1・13　參謀本部第一部長田中新一中將業務日誌（1/7）〉，防衛研究所戰史研究センター史料室藏，請求番號：中央 - 作戰指導日記 -25。
8　飯田祥二郎，〈ビルマ戡定作戰（上卷）　昭 16・7 ～ 17・6・15〉，防衛研究所戰史研究センター史料室藏，請求番號：南西 - ビルマ -27。

三、中央不定方針，前線困惑而前進

　　儘管日本於開戰時就迅速進駐泰國，確保了對緬甸作戰的根據地。但是既如前述，開戰前大本營策定的作戰計畫中缺乏對緬甸的具體方針，就連作為作戰前提的日泰關係，在規劃上也有不足之處。由此可知，日軍的南進計畫包含甚多不確定因素，所以對緬甸的作戰方針在開戰之後也多次遭到變更。因此南進政策的缺乏一貫性，對第 15 軍駐防泰國的地位與行動帶來相當大的影響。第 15 軍的當前任務，是確保泰國使馬來方面的作戰易於遂行，以及準備爾後之緬甸作戰。根據此計畫，該軍需要一面與泰國方面建立緊密聯絡，一面進行後勤任務、維持交通線完整，將部隊物資運往馬來前線。[9] 這樣的背景下，第 15 軍終究不能專注於正式準備緬甸作戰。

　　是故，直到太平洋戰爭爆發為止，日軍中央與南方軍還沒著手準備緬甸作戰。雖然在此之前，日本陸海軍統帥部已決定攻略緬甸南部的丹納沙林地區與毛淡棉；但該作戰只是針對當地的航空基地加以摧毀。至於丹納沙林以北的地區，日軍僅寄望於南機關支援的緬甸人反英獨立運動上。[10] 於此，南方軍於 1941 年 12 月 11 日對第 15 軍發出命令，要求該軍繼續執行確保泰國的任務，並決定「抓住良機占領毛淡棉等緬甸南部的敵人航空基地」。[11] 第 15 軍雖然收到命令，但此時正在千頭萬緒的進行後勤任務與對泰關係，沒有顧及緬甸的餘力。[12]

　　以 12 月 21 日為界，浩大的對緬作戰計畫突然間快速成形。當天，大本

9　飯田祥二郎，〈ビルマ戡定作戰（上卷）　昭 16・7 ～ 17・6・15〉，防衛研究所戰史研究センター史料室藏，請求番號：南西 - ビルマ -27。

10　防衛庁防衛研修所戰史室，《戰史叢書：ビルマ攻略作戰》（東京：朝雲新聞社，1967年），頁 14。

11　石井正美，「南総作命甲第 13 号」，〈南方作戰　開戰初期に於ける重要書類綴　昭 16・9・18 ～ 17・2・16〉，防衛研究所戰史研究センター史料室藏，請求番號：南西 - 全般 -10。

12　飯田祥二郎，〈ビルマ戡定作戰（上卷）　昭 16・7 ～ 17・6・15〉，防衛研究所戰史研究センター史料室藏，請求番號：南西 - ビルマ -27。

營陸軍部作戰課長服部卓四郎（1901-1960）大佐訪問在西貢（Saigon）的南方軍司令部，突然提出「第十五軍作戰要領案」。這份「要領案」將作戰範圍擴大至緬甸全境，將殲滅英國勢力與占領緬甸重要據點列為目標。更甚者，服部還要求迅速發動作戰。[13] 事實上，其要求乃是秉承大本營的決心。據田中新一日記顯示，在 12 月 10 日的大本營陸軍部部長會報上，就討論了如何推進緬甸作戰的議題。田中說，12 日陸軍部決定自 1 月上旬以第 55 師團和第 33 師團的一部發動作戰，而後漸次加強兵力。[14] 當時，日軍大本營與南方軍司令部因南方各處捷報頻傳而熱血沸騰。駐在西貢的一個大本營參謀在日記中描寫自己的興奮心情：「天祐在我」為了「對應目前戰局進展的速度」，必須「推進緬甸作戰」。[15]

　　對於中央突然提出的要求，南方軍最初態度相當消極，認為發動後續作戰一事應先保留。結果，服部等也同意南方軍的意向，決定將作戰範圍限制在仰光以南。[16] 然而，此時南方軍司令部內卻有些參謀呼應起中央的強硬方針，討論以緬甸全境為作戰目標的可能。12 月 22 日，南方軍的作戰主任參謀荒尾興功（1902-1974）中佐，希望盡快發動緬甸作戰，並策劃對緬甸中部的作戰。[17] 12 月 30 日，荒尾更與服部會晤，研商「攻略緬甸全境的要點」等方策。[18]

13　防衛庁防衛研修所戰史室，《戰史叢書：ビルマ攻略作戰》（東京：朝雲新聞社，1967年），頁 70-77。

14　田中新一，〈昭和 16・11・28 ～ 17・1・13 參謀本部第一部長田中新一中將業務日誌（1/7）〉，防衛研究所戰史研究センター史料室藏，請求番號：中央 - 作戰指導日記 -25。

15　近藤傳八，〈開戰初期に於ける　近藤傳八日記〉，防衛研究所戰史研究センター史料室藏，請求番號：中央 - 作戰指導日記 -264。

16　防衛庁防衛研修所戰史室，《戰史叢書：ビルマ攻略作戰》（東京：朝雲新聞社，1967年），頁 73-75。

17　荒尾興功，「南方総軍の統帥」，〈機密作戰日誌資料　南方総軍の統帥（進攻作戰期）　昭 31・14 記〉，防衛研究所戰史研究センター史料室藏，請求番號：南西 - 全般 -33。

18　荒尾興功，「南方総軍の統帥」，〈機密作戰日誌資料　南方総軍の統帥（進攻作戰期）　昭 31・14 記〉，防衛研究所戰史研究センター史料室藏，請求番號：南西 - 全

　　兩人會面的結果，就是大本營頒布的「大本營陸軍部命令（簡稱大陸命）第 590 號」與「大本營陸軍部指令（簡稱大陸指）第 1081 號」，揭開了「企圖占領緬甸要點」的方針。[19] 據此，日軍決定當第 15 軍攻略毛淡棉之後，即進出薩爾溫江方面攻擊仰光。其次，在大本營的作戰要領中又稱：「若情況允許」，在攻略仰光之後有可能對曼德勒與仁安羌展開作戰。[20] 乍看之下，大本營用「若情況允許」一詞限制擴大作戰目標，但南方軍其實已企圖北進。據第 15 軍參謀副長那須義雄（1897-1993）稱，南方軍司令部指示第 15 軍不要力攻仰光，要儘速往北方進發。[21]

　　另一方面，第 15 軍對中央與南方軍突然轉換作戰方針一事毫不知情，導致中央與前線之間發生誤會。當時第 15 軍根據 12 月 11 日之南方軍命令發動作戰，但該命令僅要求攻占毛淡棉。換言之，第 15 軍在發動緬甸入侵作戰時並沒有攻略緬甸全境的企圖。而且，對第 15 軍來說，突破泰緬國境與攻略丹那沙林也不在預期之中。[22] 當時，投入緬甸前線的部隊在泰國境內從事後勤任務很久，各種準備顯著不足。例如，第 15 軍缺乏緬甸地圖，甚至沒有地圖的各師團司令部，還得派參謀到軍司令部索取地圖。因此，當作戰發動時，第 15 軍只能依據在泰取得的「非常粗糙」的 250 萬分之 1 地圖來確定大概的前進方向、計畫進攻作戰。[23] 而且雖然泰緬邊境山勢險惡，需要整建道路方能進軍，但第 15 軍卻沒有相關的工兵裝備。[24]

般 -33。

19　防衛庁防衛研修所戦史室，《戦史叢書：ビルマ攻略作戦》（東京：朝雲新聞社，1967年），頁 75-76。

20　防衛庁防衛研修所戦史室，《戦史叢書：ビルマ攻略作戦》（東京：朝雲新聞社，1967年），頁 75-76。

21　那須義雄，〈大東亜戦争関係　那須義雄少将回想録〉，防衛研究所戦史研究センター史料室藏，請求番號：南西 - ビルマ -372。

22　福井義介，〈第 55 師団緬甸進攻作戦記録〉，防衛研究所戦史研究センター史料室藏，請求番號：南西 - ビルマ -36。

23　飯田祥二郎，〈ビルマ戡定作戦（上巻）昭 16・7 ～ 17・6・15〉，防衛研究所戦史研究センター史料室藏，請求番號：南西 - ビルマ -27。

24　福井義介，〈第 55 師団緬甸進攻作戦記録〉，防衛研究所戦史研究センター史料室藏，

　　作戰發動以後，第 15 軍亦屢屢面對與中央的矛盾。1942 年 1 月 20 日，該軍第 55 師團突破泰緬邊境，1 月 30 日占領毛淡棉之後，依據 12 月 11 日的命令暫停行動。但已決定攻占仰光的日軍中央與南方軍卻認為第 15 軍的行動非常緩慢，乃嚴厲督促該部北上攻擊仰光。雖然 2 月 9 日南方軍頒布正式命令要求第 15 軍攻擊仰光，第 15 軍司令官飯田祥二郎卻大感不安，對積極北進採取慎重的態度。第 15 軍為了突破泰緬邊境的險惡山路，被迫限制參戰部隊的規模與裝備，致使其戰力相對減弱。更糟的是，這時傳來了英軍主力在仰光集中的消息。[25] 這樣的局勢下，第 15 軍司令部於 2 月 23 日半夜抵達錫唐河，隨即對南方軍司令部報告該軍須要在當地集結兵力準備攻略仰光。但是，接到該報告的南方軍的反應非常嚴苛，立即督促第 15 軍繼續作戰。南方軍對第 15 軍的憤怒態度，在該軍參謀荒尾興功的日誌中清楚流露，他在日誌中寫下「令人吃驚的憂柔寡斷也！需要強烈的指導」，而強硬要求第 15 軍繼續攻擊。[26] 第 15 軍在南方軍的「指導」下迅速推進到仰光，並於 3 月初占領之。

四、日益膨脹的緬甸戰略價值

　　隨著擴大作戰範圍，日軍高層也逐漸高度評價緬甸的戰略價值。日軍轉換方針的第一個原因，是對印度的謀略。大本營認真檢討占領緬甸。大本營陸軍部作戰部長田中新一，有鑒於爾後的戰局與國際情勢，在推動對印度的謀略具有重要性，主張攻占緬甸全境。[27] 日本對印度的謀略就是煽動反英民

　　　請求番號：南西 - ビルマ -36。

25　飯田祥二郎，〈ビルマ戡定作戰（上卷）　昭 16・7 ～ 17・6・15〉，防衛研究所戰史研究
　　　センター史料室藏，請求番號：南西 - ビルマ -27。

26　荒尾興功，「南方總軍の統帥」，〈機密作戰日誌資料　南方總軍の統帥（進攻作戰
　　　期）　昭 31・14 記〉，防衛研究所戰史研究センター史料室藏，請求番號：南西 - 全
　　　般 -33。

27　田中新一，〈昭和 16・11・28 ～ 17・1・13 参謀本部第一部長田中新一中將業務日誌
　　　（1/7）〉，防衛研究所戰史研究センター史料室藏，請求番號：中央 - 作戰指導日記 -25。

族主義運動，以動搖印度的殖民地體制。南方軍的荒尾參謀則著重印度與緬甸的經濟關係，強調緬甸作戰的戰略意義。[28]

　　陸軍欲透過緬甸作戰來打擊印度，因而關注海軍的印度洋作戰。大本營陸軍部於 2 月 27 日訂定的「第三期南方軍作戰計畫」中，說明了印度洋作戰的意義以及與緬甸作戰的關係：帝國海軍應覆滅在印度洋的英國海軍，次之澈底破壞英國通商線，以截斷英國、印度、澳洲的聯絡。[29] 其後日德準備設置海上聯絡線，迫使英國脫離同盟國，以強化軸心陣營的戰略態勢。

　　從上述觀點可知，大本營陸軍部將南方軍與海軍印度洋作戰緊密結合，當成作戰的優先方針之一。據此，大本營陸軍部為配合海軍的印度洋作戰，亦下令攻占仰光等在印度洋周邊地區的機場和港口。此時，日本海軍和陸軍第 5 飛行集團為準備印度洋作戰，以及確保從新加坡至緬甸的海上聯絡線的安全，準備攻擊安達曼群島。[30] 陸軍企圖藉由從緬甸支援該作戰，對英國在印度的統治予以重大打擊。

　　另外，日軍也關注緬甸戰局與中國的關係。最初，大本營期待能截斷滇緬公路，以打擊國民政府。南方軍認為只有攻占仰光，才能截斷滇緬公路。[31] 但是中央與南方軍察覺中國遠征軍的出現，讓緬甸作戰的作戰目標產生重大變化。1941 年 12 月，日軍獲得有幾個師兵力的中國大軍開進緬甸的情報。12 月 20 日，在南方軍司令部研討大本營提出的作戰方針時，荒尾參謀提到在曼德勒與中國軍決戰的可能性。基於這一情報，日軍開始設想在緬甸與中國軍進行決戰。1942 年 1 月 15 日，田中新一稱：「將中國軍引誘進

28　荒尾興功，「南方総軍の統帥」，〈機密作戦日誌資料　南方総軍の統帥（進攻作戦期）　昭 31・14 記〉，防衛研究所戰史研究センター史料室藏，請求番號：南西 - 全般 -33。

29　南方軍総司令部，〈南方軍作戦関係資料　昭 16・12・末～ 17・12・末〉，防衛研究所戰史研究センター史料室藏，請求番號：南西 - 全般 -24。

30　南方軍総司令部，〈南方軍作戦関係資料　昭 16・12・末～ 17・12・末〉，防衛研究所戰史研究センター史料室藏，請求番號：南西 - 全般 -24。

31　防衛庁防衛研修所戰史室，《戰史叢書：ビルマ攻略作戰》（東京：朝雲新聞社，1967年），頁 73。

出緬甸，進而殲滅之。這樣就暴露中國軍的脆弱，並且有可能以這一勝利為中日戰爭的轉機。」[32] 至此，在日軍內部，殲滅中國軍成為了緬甸作戰的一個重要目標。同時，南方軍也展開對中國軍隊作戰的檢討。1 月 25 日，在南方軍總參謀長召開的會議中，南方軍的結論是將殲滅中英聯軍列為緬甸作戰的目標並進行進一步的研究。荒尾參謀主張作戰需要以發動殲滅性會戰為主軸，如果中國軍隊不進入日軍設定的決戰戰場「就要發動追擊戰」；而荒尾為截斷中國軍隊的退路，試圖進攻中緬國境。[33] 反映上述討論的結果，1 月 22 日的「大陸指第 1081 號」與南方軍下達第 15 軍的命令中，將殲滅中國軍隊定為作戰目標。[34]

如此，中國遠征軍的存在，對於日軍緬甸作戰方針影響非常大。陸軍大臣杉山元（1880-1945）亦在 3 月的上奏文中，強調在緬甸殲滅中國軍隊的重要性。據杉山稱：

> 於 4 月，中國軍在曼德勒集中五萬兵力。假如擊破之，我軍就不僅截斷滇緬公路，也能阻止新造公路。如此，在緬甸進行決戰是對破壞重慶政府的抗戰意志也很有用。[35]

對於日軍來說，緬甸的戰略價值在其心目中日益膨脹，卻也讓緬甸作戰越發偏離原來的作戰目標。因而導致日軍期待入侵緬甸，能實現破壞滇緬公路與發揮對印度政治謀略，打擊國民政府，對周邊區域產生影響等效果。

32　田中新一，〈昭和 17・1・14 ～ 17・4・26　參謀本部第一部長田中新一中將業務日誌（2/7）〉，防衛研究所戰史研究中心史料室藏，請求番號：中央 - 作戰指導日記 -26。

33　荒尾興功，「南方総軍の統帥」，〈機密作戰日誌資料　南方総軍の統帥（進攻作戰期）　昭 31・14 記〉，防衛研究所戰史研究中心史料室藏，請求番號：南西 - 全般 -33。

34　防衛庁防衛研修所戰史室，《戰史叢書：ビルマ攻略作戰》（東京：朝雲新聞社，1967年），頁 76。

35　防衛庁防衛研修所戰史室，《戰史叢書：ビルマ攻略作戰》（東京：朝雲新聞社，1967年），頁 251-253。

五、對緬謀略的矛盾

日本的對緬戰略，除軍事作戰外，還有一樣重要手段，就是謀略。從開戰以前，大本營就期待緬甸境內的反英民族主義者起事，以動搖英國的統治與截斷滇緬公路。鈴木敬司（1897-1967）大佐主持的「南機關」，負責組織反英分子與提供他們軍事訓練和武器。1941 年 2 月成立的「南機關」，以支援緬甸獨立運動為目標，並於成立後收容了翁山（Aung San, 1915-1947）等緬甸德欽黨（Thakin Party）獨立運動分子。1941 年 10 月，南機關與翁山等參與陸海軍統帥部合同實施的南方作戰兵棋演習。根據其結果，日軍在南方作戰計畫中訂定「使緬甸獨立黨迅速速滲透緬甸境內，在各地展開獨立運動」的方針。[36] 此時，南方軍需要以全部戰力投入對馬來亞、菲律賓等初期作戰，並無餘力在緬作戰，所以大本營考慮以煽動緬甸獨立運動的方式應付駐緬英軍。

因此，日軍期待反英分子動搖殖民地體制，即以南機關支援其組織緬甸獨立軍（Burmese Independence Army, BIA）。然而，日本這樣對緬甸獨立運動的支援，卻存在著要如何處理攻略作戰完成後的緬甸地位的重大問題。固然，大本營沒有深入討論緬甸獨立問題，僅僅委託 BIA 發動反英叛亂。開戰以後，日本對緬甸獨立運動的模糊態度就產生了矛盾。南方軍司令部一面催促第 15 軍儘快占領緬甸全境，一面卻命令南機關與 BIA 進行緬甸獨立工作。雖然第 15 軍於 3 月發動北進作戰，但南方軍還是堅持原訂方針，要求緬甸的獨立勢力，擔負「排除全緬甸英國勢力」的任務。而且在攻占緬甸後，日本卻不讓緬甸民族獨立分子統治當地。結果，當 1942 年 5 月作戰一結束，南方軍就立即解散南機關，並將 BIA 改隸南方軍管轄之下。日本這些應對方式，召來翁山等民族主義者的反抗，最後導致其走向抗日之路。

日本的對緬政策還有一個問題，就是東南亞境內各勢力的角逐。當南方

36　防衛庁防衛研修所戰史室，《戰史叢書：ビルマ攻略作戰》（東京：朝雲新聞社，1967年），頁 14。

作戰發動時，日本為確保後方基地的正常運作起見，重視與泰國建立緊密關係。因此日本需要斟酌泰國越界遠征緬甸邊境的要求並配合之。而且日本政府為安撫泰國的民族主義，考慮將某些緬甸領土割讓給泰國。1942 年 1 月 26 日，大本營會議討論南方軍政，決定以舊緬甸王國的地域為緬甸獨立後的領土範圍，並將撣邦（Shan State）與丹那沙林兩地劃入泰國。[37] 根據此一決定，日軍允許泰軍進攻泰緬邊境。1943 年日泰兩國商討的結果，撣邦的一部被割予泰國。當然，對 BIA 來說，這樣的結果也是無法接受的。如此，日本利用東南亞各地民族主義的策略，反受到當地內部民族對立與角逐的制肘而產生矛盾。

六、南方軍冒進北伐

南方軍與第 15 軍從發動作戰之初，因作戰方針的曖昧性與互相溝通不足，在缺乏一貫的指揮下進攻緬甸。當時，南方軍司令部興奮地聽到各地的戰勝報告。[38] 透露這個作戰成果被高度讚賞的氛圍，可以認為南方軍對緬甸作戰寄予同樣的期待。而且，對緬甸境內同盟軍兵力的研判，也影響了南方軍的作戰指導。例如，南方軍與第 15 軍司令部之間，對於盟軍兵力的判定有不少差異。南方軍判斷中國軍隊會集結在曼德勒附近地區，並且要從 4 月到 5 月，才可能部署完成。[39] 另一方面，第 15 軍則認為國軍在緬甸南部，如同古或勃固布置兵力。[40] 其實，南方軍的判斷完全錯誤。中國遠征軍不僅

---

37 田中新一，〈昭和 17・1・14 ～ 17・4・26　參謀本部第一部長田中新一中將業務日誌（2/7）〉，防衛研究所戰史研究センター史料室藏，請求番號：中央 - 作戰指導日記 -26。

38 荒尾興功，「南方總軍の統帥」，〈機密作戰日誌資料　南方總軍の統帥（進攻作戰期）　昭 31・14 記〉，防衛研究所戰史研究センター史料室藏，請求番號：南西 - 全般 -33。

39 參謀本部，〈南方軍（隸下部隊）關係電報綴　昭和 16・10・19 ～ 17・12・23〉，防衛研究所戰史研究センター史料室藏，請求番號：中央 - 作戰指導重要電報 -53。

40 飯田祥二郎，〈ビルマ戡定作戰（上卷）　昭 16・7 ～ 17・6・15〉，防衛研究所戰史研究センター史料室藏，請求番號：南西 - ビルマ -27。

在 3 月初就已將主力調到緬甸，而且在同古著手構築陣地。於此，可認為南方軍深入進攻緬甸境內的積極方針，是建立在對敵軍實力的錯誤判斷之上。

　　再者，對於前線部隊來說，在日軍開始北進時，第 15 軍的戰力耗損已經相當顯著。例如，3 月初第 55 師團在進攻仰光途中，遭遇英軍裝甲部隊，並遭受英軍的激烈攻擊，該師團的戰車部隊被殲滅了。第 55 師團的步兵只能以火焰瓶肉搏攻擊的方式對抗英軍戰車，在遭受慘重損失後才擊退英軍。該師團為了快速突破泰緬邊境的山岳地帶，僅以步兵為主力輕裝上陣。因此，其綜合火力落後英軍太多；而泰緬邊境的地勢險要，更加深了第 15 軍的後勤困難。再加上 4 月初的同古作戰中，第 55 師團遭受中國遠征軍第 200 師的強力抵抗，死傷慘重。[41] 面對此一戰況，南方軍只能抽調其他部隊支援第 15 軍。對日軍來說有利的是，此時南方軍在東南亞各地取得出乎意料之外的大勝，使其有餘力抽出所屬部隊支援緬甸。這些支援部隊包含重砲、速射砲、高射砲、機械化部隊等。據第 15 軍司令官飯田的回憶：「因增援部隊加強第 15 軍，該軍與英軍的火力差距得以逐步抵銷。」[42]

　　如此，日軍看似在緬甸打閃電戰，其實從發動作戰之初，就面臨戰力消耗過大或敵情了解不足等各種問題。而且日軍中央或南方軍，雖已決心對緬甸全境展開軍事作戰，卻沒有對前線部隊傳達其意圖導致雙方產生矛盾。儘管如此，南方軍還是嚴格命令「不待增援部隊集結完成亦應繼續作戰」。[43]日軍這樣的焦躁情緒，在飯田司令官的日記之中也可窺見一二。擔心殲滅中國軍隊主力失敗的飯田，於日記中寫下：「我軍儘管直到敵軍逃走為止還不斷砲擊，但步兵就是不前進。」[44]此外，第 33 師團在仁安羌作戰之後，希望

41　防衛庁防衛研修所戰史室，《戰史叢書：ビルマ攻略作戰》（東京：朝雲新聞社，1967年），頁 294-297。

42　飯田祥二郎，〈ビルマ戡定作戰（上卷）　昭 16・7 ～ 17・6・15〉，防衛研究所戰史研究センター史料室藏，請求番號：南西 - ビルマ -27。

43　岩田正孝，〈ビルマ進攻作戰間に於ける　第 33 師団作戰史〉，防衛研究所戰史研究センター史料室藏，請求番號：文庫 - 依託 -147。

44　飯田祥二郎，〈飯田祥二郎戰塵日錄　第 3 部大東亞戰爭　昭和 16・12・1 ～ 18・3・17〉，防衛研究所戰史研究センター史料室藏，請求番號：南西 - ビルマ -25。

休息和恢復戰力，但第 15 軍卻只會一味要求該部「儘快前進」。雖然開戰以來一路前進的各部隊消耗巨大，但第 15 軍司令部不敢隨便同意前線部隊休息，以免錯失戰機。

　　日軍為何如此急躁地發動北進作戰？第一個原因是日軍將殲滅中國軍隊視為優先目標。尤其南方軍積極尋求戰機，主張強迫中國軍隊在曼德勒決戰並殲滅之，或主張追擊中國軍隊直抵中緬邊境。[45] 南方軍 3 月初下達給第 15 軍的命令之中，常用「擊滅」或「一掃」等詞句。讓前線部隊產生澈底發揮攻擊以追求殲滅作戰的傾向。南方軍命令的影響，透過 3 月底經由第 15 軍制定的作戰計畫，可以明顯看出。根據該計畫，第 15 軍先針對曼德勒及其以南地區實行決戰以殲滅中國軍，而後進入緬北的國境地帶加以占領。[46] 雖然 3 月初的南方軍命令，僅要求第 15 軍追擊中國軍隊而已，但在 1 個月之後，南方軍將作戰方針擴大至占領緬北國境地帶。據第 15 軍的吉田元久參謀稱：「規劃作戰計畫時，最費心研究的是如何巧妙地捕捉敵軍的方法。」吉田等人認為，以「像在中國大陸的戰線那樣對敵軍施以打擊」，「只朝某方向進行壓迫」的戰術，結果只會「形成處處陷入膠著的對峙戰線，面對具有兵力優勢的中國軍，將難以確保我軍爾後的作戰自由。」[47] 因此，第 15 軍司令部決定使中國軍隊儘量拘束在曼德勒一帶，以包圍殲滅之。為此，第 15 軍一面攻擊同古而壓迫之，並將迂迴撣邦、臘戌、伊洛瓦底江，以形成對曼德勒的四面包圍。[48] 歸根究底，日軍向緬北各地展開的作戰，還

45　南方軍總司令部，〈南方軍作戰關係資料　昭 16‧12‧末～ 17‧12‧末〉，防衛研究所戰史研究センター史料室藏，請求番號：南西 - 全般 -24；飯田祥二郎，〈ビルマ戡定作戰（上卷）　昭 16‧7 ～ 17‧6‧15〉，防衛研究所戰史研究センター史料室藏，請求番號：南西 - ビルマ -27。

46　吉田元久，〈ビルマ進攻作戰の構想　昭 17‧1 ～ 17‧12〉，防衛研究所戰史研究センター史料室藏，請求番號：南西 - ビルマ -37。

47　吉田元久，「ビルマ進攻作戰の構想　昭 17‧1 ～ 17‧12」，防衛研究所戰史研究センター史料室藏，請求番號：南西 - ビルマ -37。

48　吉田元久，「ビルマ進攻作戰の構想　昭 17‧1 ～ 17‧12」，防衛研究所戰史研究センター史料室藏，請求番號：南西 - ビルマ -37。

是為了要配合在曼德勒包圍殲滅中國軍隊之目標所制定的計畫。

　　但是，此一曼德勒決戰方案，並非根據正確掌握中國軍隊動向所制定。當時第 15 軍並沒有中國軍隊相關的正確情報，只能靠虜獲的地圖或截聽無線電情報判斷其位置。[49]而且「包圍殲滅中國軍隊」的企圖，亦完全依據錯誤的情報設定目標。如上述日軍判斷從 4 月至 5 月，中國軍才可能集結在曼德勒附近。但正當日軍策劃該作戰的時候，其實中國遠征軍為了與英軍聯合作戰起見，各部隊已開展到同古、平滿納等曼德勒以南地區的要點。史迪威將軍強調協調英軍防衛緬甸的重要性，主張在曼德勒以南各地，以靈活運用的機動戰來打擊日軍。[50]當然，中國軍內部也有高級幕僚考慮過曼德勒決戰。例如徐永昌（1887-1959）軍令部長主張在曼德勒集中有力部隊構築防線，進行一場會戰。[51]可是遠征軍司令部根據繳獲的日軍文件，判斷日軍進攻同古，已決意力守之。[52]基於這一判斷，其第 200 師於 3 月初，在同古開始構築防禦工事。日軍從前一直沒把握中國軍的情況，只一意追求發動會戰，以殲滅集結在曼德勒的中國軍主力，沒預想到中國軍往前推進到同古。因此在同古或仁安羌，日軍對於中國軍隊的情報資訊並不明確，只能與中國軍隊打遭遇戰。此外，日軍對於地形與交通的相關情報亦不足，甚至曾發生過雖然試圖迂迴突襲敵軍側背，卻開到敵軍不在的地區。[53]

　　4 月 20 日，執著於殲滅中國軍隊的第 15 軍，命令 3 個師團向曼德勒方面進擊，正式發動「曼德勒會戰」。然而，該作戰卻因為盟軍迅速撤出當

49　飯田祥二郎，〈ビルマ戡定作戰（上卷）　昭 16・7 ～ 17・6・15〉，防衛研究所戰史研究センター史料室藏，請求番號：南西 - ビルマ -27。

50　「史迪威簽發的中國遠征軍作戰命令」（1942 年 3 月 21 日），收入中國第二歷史檔案館編，《抗日戰爭正面戰場》，中冊（南京：鳳凰出版社，2005 年），頁 1420；Joseph W. Stillwell, ed. Theodore H. White, *The Stilwell Papers* (New York: Da Capo Press, 1991), p. 62.

51　「徐永昌日記」，1942 年 3 月 10 日，中央研究院近代史研究所近代春秋 TIS 資訊系統：https://mhdb.mh.sinica.edu.tw/diary/enter.php（2020 年 3 月 10 日點閱）。

52　徐康明，《中國遠征軍史》（臺北：文史哲出版社，2014 年），頁 128-129。

53　飯田祥二郎，〈ビルマ戡定作戰（上卷）　昭 16・7 ～ 17・6・15〉，防衛研究所戰史研究センター史料室藏，請求番號：南西 - ビルマ -27。

地，而未能達成企圖。為此，第 15 軍於 4 月底根據南方軍和大本營的期望，決定入侵雲南省以繼續發動追擊作戰。[54] 該項作戰原本是以截斷盟軍退路與掃蕩曼德勒以北殘存的敵軍為目標，但結果卻是日軍只顧著以捕捉、殲滅中國軍隊，一路打到了緬北邊境地帶。之所以如此，是因為大本營與南方軍相信殲滅在緬甸的中國軍隊可以強化對中國的壓力，是故在中國軍隊向雲南撤退之後仍然希望繼續追擊，進行殲滅戰。

七、結語

　　根據以上的分析，日本南方軍的緬甸作戰在戰略方針和作戰指導上，具有根本性矛盾和曖昧的部分。儘管如此，因為盟軍之間缺乏協調機制、戰局判斷錯誤等因素，致使日軍作戰奏效。隨著日軍在緬甸各地獲得勝利，為追尋殲滅敵軍的良機，而漸次擴大作戰範圍。獲得攻占緬甸全境的「戰果」，就是在這樣缺乏明確方針的作戰下累積出來。

　　但在 1942 年 5 月緬甸作戰結束之後，日軍得就要面對這個「大勝利」帶來的戰略問題。日軍為追擊盟軍而占領滇西與緬北的印緬國境地帶，當地位處印度與中國之間，這讓日軍需要守備從中緬邊境至印緬邊境之間的廣大區域。也就是說，由於攻占緬甸全境的結果，卻讓日軍的防禦範圍必需更加擴大，方能對應由印度與中國兩方面反攻的盟軍威脅。

　　這樣缺乏戰略觀念與無限制擴大作戰規模的毛病，早在中日戰爭期間就已可見。在中國，每當日軍發動作戰時，由於對作戰成效的過分自信，以為殲滅中國軍就能結束戰爭。因此，1937 至 1939 年間，日軍由華北一路進攻到華中、華南各地。結果反而導致了日軍不但要維持漫長的前線與廣大的占領區，還得遭受中國軍的軍事壓力（例如 1939 年的反攻等）。在緬甸，日軍雖然一開始並無占領緬甸全境的計畫，但還是落入了只顧專心殲滅敵軍，

---

54 防衛庁防衛研修所戰史室，《戰史叢書：ビルマ攻略作戰》（東京：朝雲新聞社，1967 年），頁 389-390。

不顧作戰地境一再擴大的思維窠臼，以致最後發動緬北追擊戰，深入緬北、
滇西地區，為 1943 年之後，日軍在緬北乃至緬甸境內一連串的失敗埋下伏
筆。另外，前線部隊獨斷專行、擴大作戰目標也是和中日戰爭一致的共通弊
病。在緬甸，第 15 軍所屬各師團，為追求更大的戰果而不斷擴大戰線。據
第 15 軍參謀副長那須義雄稱：「為攻占仰光，第 55 師團與第 33 師團如兩馬
相爭般的爭先恐後向前挺進。」[55] 像這類前線部隊的獨斷專行，也是在中日戰
爭中屢屢可見的。因此，在第一次緬甸作戰的過程中，關於日軍作戰思想、
組織、戰略觀念等方面的種種問題乃同時暴露出來。

　　1942 年 1 月緬甸作戰開始以來，隨著緬甸的戰略價值日益膨脹，日軍
追求作戰的勝利而擴展戰線。雖然在春末大致占領緬甸全境，卻也讓緬甸作
戰逐漸偏離原來的作戰目標。其最重要的成果，就是實現破壞滇緬公路，截
斷中國唯一的國際交通線。其他如發揮對印度政治謀略的效果（鼓動印度爆
發全面反英叛變），對周邊區域產生影響，以及殲滅中國軍打擊國民政府，
迫使重慶國民政府屈服等，都未能真正實現，更成為盟軍反攻階段，日軍在
緬甸失敗的遠因之一。

55　那須義雄，〈大東亜戦争関係　那須義雄少将回想録〉，防衛研究所戦史研究センター
　　史料室藏，請求番號：南西 - ビルマ -372。

第五章
結語

　　本書的研究，釐清了中國遠征軍第一次緬甸作戰四個待解的議題。

　　其一，仁安羌作戰由師長孫立人或團長劉放吾指揮，長期爭論未能得解。經由史料探證、理論引述和作戰實務的相互參照。以「第一次燕南羌戰鬥詳報（自四月十六日至二十一日由燕南羌至貴西）」的記事違背史實，確認仁安羌作戰由第113團團長劉放吾指揮，可以定論。

　　其二，緬甸戰區總司令亞歷山大指稱「中國軍隊從未打贏過一次對日作戰」；仁安羌中英聯盟作戰指揮官斯利姆的回憶錄，描述「英軍自行出圍」的假象，以掩蓋英軍曾經被中國軍隊所救的史實。歸納當時國內外媒體的報導，以及遠征軍致電重慶軍事委員會的捷報和中日雙方戰史所載，都印證中國軍隊解救英軍的事實，導正錯誤的歷史認知。在仁安羌作戰結束50年的1992年，英國前首相柴契爾夫人會見劉放吾團長致謝，以及時任英國國防部長芮夫金代表官方致感謝函，再再讓史證更為明確。

　　其三，第一次緬甸作戰，從同古開戰就一退再退，直至退出戰場。全程沒有會戰，也沒有較大規模的交戰。被誤解為大軍作戰缺乏全程戰略構想，沒有完整的作戰計畫所造成。惟遠征軍由國軍最精銳的部隊編成，幹部一時之選，作戰經驗豐富。絕無可能沒有全程構想，也無周詳計畫就開戰，這項疑惑迄今猶未獲得合理解釋。此次的研究，發現蔣中正在英軍棄守仰光後，重新擬定緬甸作戰的全局戰略，策劃「曼德勒會戰計畫」，準備在緬甸中部與日軍做一次總決戰，先擊滅日軍主力再南下收復仰光，重開滇緬路。由於史迪威臨戰改變決戰地區，背離全程構想，未按計畫作戰，遂在日軍的攻勢壓力下喪失主動而被迫退出戰場。解答了第三個重要議題。

　　第四個議題，史迪威曾經擔任美軍中將軍長。到緬甸指揮 10 萬精兵作戰，再不濟也不至於未經會戰，甚至不曾激戰就被迫退出戰場，是另一個待解的疑團。指揮官負一切成敗責任，就要從史迪威個人的本職學能和人格特質探討原因，說明如次：

　　史迪威抵華就任中國戰區參謀長，蔣中正以很多時間向他說明曼德勒會戰構想，史迪威不能理解而視為荒謬，暴露他對戰略層級的大軍指揮沒有概念。第 200 師在同古擔任掩護部隊，通常於達成任務後撤回預定的會戰地區，集中兵力參加主力決戰。史迪威反其道而行，調動正在曼德勒地區經營戰場，準備會戰的第 5 軍主力前推同古，增援本來應該後撤，誘敵深入我口袋陣地的第 200 師作戰。兵力運用捨本逐末，顯然對戰術上的師作戰也相當陌生。據此可以確認史迪威在戰略、戰術上的本職學能和指揮遠征軍作戰的權責極不相襯。

　　戰場用兵直接影響部隊存亡及官兵生命，指揮官派職必須學歷、經歷完整，遁序漸進缺一不可。替史迪威寫傳記的巴巴拉‧塔奇曼（Barbara W. Tuchman, 1912-1989）[1] 指出，史迪威不是陸軍指揮參謀學院或陸軍軍事學院在指揮和參謀方面的畢業生，而美國選派遠征軍（海外作戰部隊）擔當要職的都是這類畢業生。[2] 塔奇曼的記載，說明當時美軍派任海外作戰部隊的要職，必須具備指揮作戰應有的學歷。上校團長即為作戰部隊的要職，[3] 應在

1　塔奇曼為美國歷史學者、作家，也是新聞記者，兩度獲得普利茲獎（Pulitzer Prize）。《史迪威與美國在中國的經驗 1911-1945》（*Stilwell and the American Experience in China, 1911-45*）詳述史迪威在中國的政治經驗與活動情況，對史迪威的早期經歷刻畫入微，本文據此為主要參照。

2　巴巴拉‧W. 塔奇曼（Barbara W. Tuchman）著，萬里新譯，《史迪威與美國在中國的經驗 1911-1945》（北京：新星出版社，2007 年），頁 48。調任作戰部隊的團長必須在陸軍指揮參謀學院畢業。史迪威是在美軍設於法國郎格勒（Langres）的參謀學院學習情報。不是以修習指揮作戰為主的美國陸軍指揮參謀學院，而是海外部隊為訓練各類不同專長所設立的專長訓練單位。

3　國軍於遷臺後沿襲美制，以上校團長為重要軍職。早年團長派任時均由總統親自召見，後來改由參謀總長召見。

講授師戰術的陸軍指揮參謀學院畢業才夠條件。因為團長們在受領師長命令後，分別在不同的正面或區域作戰，戰術素養必須充分理解師長命令的意涵而主動配合，才能發揮全師的統合戰力達成任務，史迪威並未具備這方面的專業學能。他曾經在本寧堡（Fort Benning）的步兵學校（U.S. Army Infantry School）擔任教官，當時美軍步兵學校主要在培訓連級和營級幹部，屬於基礎的戰術、戰鬥課程，不是司令部級的師戰術指揮參謀教育。步兵學校畢業的軍官，若要取得派任作戰部隊的上校團長資格，學歷上必須先從陸軍指揮參謀學院畢業，完成師的戰術教育才夠條件（國軍在現代化的歷程也建立這項制度）。以美軍的標準，史迪威不適格擔任海外作戰部隊的上校團長，更不能擔任作戰部隊的少將師長及更高階的軍事指揮官。

史迪威在本寧堡任職 4 年，並沒有申請陸軍軍事學院的高級參謀課程，儘管這是最高級別的班隊。因為他曾經在法國、中國擔任情報蒐集與整理方面的工作，想再次申請駐外服務。但未能如願，被分配到訓練第九軍區的預備役。工作性質為負責教導入營參加兩週訓練的辦公室行政人員和銷售人員，時年 51 歲還不是上校。1935 年 1 月終於有機會派駐北平〔北京〕公使館擔任武官。[4] 1939 年 5 月返美，由於他在陸軍已經服役了 30 年只能強制退休。而一個意料之外的發展完全改變：馬歇爾越過軍銜比他高的 34 位軍官，脫穎而出提名他晉升准將。[5] 因此史迪威由中校越兩階晉升准將，免於屆齡退伍。通常在戰場上卓有貢獻，壯烈成仁的幹部也只追贈一階，他在晉升將軍之前既無重大政積也無戰功可言，在制度已經上軌道的國家難見此例。

1940 年 7 月 1 日被任命為第 7 師師長，這個師不是作戰部隊，是正在積極準備接訓新兵的師，以他的步兵專長可以勝任。1941 年夏天，史迪

4　巴巴拉・W. 塔奇曼（Barbara W. Tuchman）著，萬里新譯，《史迪威與美國在中國的經驗 1911-1945》（北京：新星出版社，2007 年），頁 141-142。

5　巴巴拉・W. 塔奇曼（Barbara W. Tuchman）著，萬里新譯，《史迪威與美國在中國的經驗 1911-1945》（北京：新星出版社，2007 年），頁 199-200。

威參加全國性的大演習，6 月 31 日演習結束，以表現出色確立名望，晉升為第 3 軍軍長，在 47 位少將候選人員中排名第一。這次晉升是馬歇爾（George C. Marshall）主導的大調整，[6] 全國大演習也由馬歇爾主導。史迪威擔任新兵訓練師長只一年就晉升軍長，超越每一位作戰部隊任期屆滿二年的資深師長，在制度嚴謹，重視學歷和經歷的軍隊極為罕見。8 個月以後，1942 年 3 月派任中國戰區擔任 300 萬軍隊的參謀長。史迪威從晉升師長再升軍長，到掛階中將赴華履新，約 1 年 8 個月。還不到一任師長 2 年的正常任期，卻換了 3 個重要軍職，徒有經歷談不上歷練，指揮大軍作戰有其實際上的困難。

　　早在 1920 年，史迪威在北京美國使館任職基層武官時，就和美軍駐天津第 15 步兵團的馬歇爾熟識，爾後幾度共事，家庭來往親近，以他們的公誼私情或許是精心策劃，保薦晉升的原因。宋子文在美國蒐集史迪威的資料呈報蔣中正參考，大約在他演習結束，聲名鵲起，連續晉升的時期，所得到的資訊皆為正面，蔣中正也就放心任用。其實史迪威的軍事教育不完整，師級的戰術都不曾修習，對指揮大軍作戰更沒有概念，他從來不曾指揮過一個連、排級的小部隊作戰。第一次上戰場就指揮遠征軍轄 3 個軍共 10 個師，為軍團層級，戰略性的大軍指揮，還要運用裝甲兵團、騎兵團、砲兵團、工兵團、輜重兵團以及通信、戰防砲、平射砲、高射機槍等營級部隊。都是不同兵種，特性各異的直屬部隊，在指揮掌握及戰略戰術的運用上，非其能力所能及。史迪威在步兵學校任職時曾經寫道：從一個營級指揮官的崗位上看問題的視角，跟一個師級或軍級指揮官的視角是不同的。[7] 以其學歷欠缺、經歷只是點綴，無論戰略戰術、指揮實務與宏觀視角，都難以承擔軍團級的作戰任務。由他指揮緬甸作戰，如同派一位沒有心臟開刀經驗的外科醫師，

6　巴巴拉・W. 塔奇曼（Barbara W. Tuchman）著，萬里新譯，《史迪威與美國在中國的經驗 1911-1945》（北京：新星出版社，2007 年），頁 227。

7　巴巴拉・W. 塔奇曼（Barbara W. Tuchman）著，萬里新譯，《史迪威與美國在中國的經驗 1911-1945》（北京：新星出版社，2007 年），頁 126。

第一次上手術檯就負責換心手術，這項派職已經決定了遠征軍的命運。史迪威敵前抗命，不按計畫作戰固然難辭其咎。馬歇爾充分了解史迪威的學經歷不全，沒有作戰經驗，卻刻意拔擢其指揮大軍作戰，這番派職令人匪夷所思。對於第一次緬甸作戰失敗，馬歇爾應負最大責任。

　　史迪威違抗軍令為個性使然，他在步兵學校任職時，校長三次呈報他調離學校不成（上層長官是馬歇爾）。在緬甸作戰時原本兼任盟軍東南亞戰區副總司令，與總司令英軍蒙巴頓（Louis Mountbatten, 1900-1979）上將難以相處，被調離職務。曾任美軍總參謀長的馬科斯維爾・泰勒（Maxwell D. Taylor, 1901-1987），年輕時曾在史迪威屬下工作，認為史迪威是個重情感和行動，而不重思索的實幹家，在脾氣不好時會做出很糟糕的判斷。[8] 蔣中正授權以參謀長身分（不是軍事指揮官）攜帶手令前往緬甸指揮作戰，卻違抗手令指示自行其是，改變計畫造成失敗。爾後屢次頂撞長官，抵制任務，蔣中正忍無可忍，請羅斯福撤換。由魏德邁（Albert C. Wedemeyer, 1897-1989）接任則關係融洽，中美互信漸增。史迪威事件的啟示：建軍首要在教育，以培養幹部為優先。人事制度必須健全，在前瞻性、資訊化的時代，軍隊需要專業堅實、分工合作的團隊，幹部的學歷經歷必須完整，個性均衡存誠務實。重要幹部的選用，必須長期考評，任官派職適才適所。

　　檢討此次作戰，依據「大軍指揮要則」所示，大軍兵力龐大，後勤繁鉅，指揮層級較多，故作戰準備及部隊調動費時。必須充分運用有限時間，先敵完成作戰準備，始能掌握主動，制敵機先。並指出大軍作戰具有「計畫性」、「總體性」與「鈍重性」，而「計畫性」尤為重要，任何行動均依計畫行之。[9] 史迪威學歷經歷不全，不曾實際帶兵打仗，難以理解大軍指揮受到「總體性」與「鈍重性」的限制，既定計畫不宜輕率變更，避免牽一髮動

8　巴巴拉・W. 塔奇曼（Barbara W. Tuchman）著，萬里新譯，《史迪威與美國在中國的經驗 1911-1945》（北京：新星出版社，2007 年），頁 171。

9　陸軍教育訓練暨準則發展委員會編審，《陸軍作戰要綱──大軍指揮（草案）》（桃園：陸軍總司令部，1989 年 12 月 16 日），頁 1-15。

全身而影響全程構想的達成。尤其他未經核准擅自改變既定計畫,當遠征軍還在逐次入緬,兵力尚未集中即改在同古發動攻勢,統合戰力難以發揮,為第一次緬甸作戰失利最主要的原因。遠征軍於同古戰敗退卻途中,先後在平滿納及重回曼德勒策劃會戰,惟受到大軍作戰「鈍重性」的限制難以迅速應變,在日軍尾躡追擊下戰機已失。時間、空間都不再有重新部署會戰的條件。10 個師的兵團不按既定計畫作戰,在被動應變下遂行大軍指揮,不可能有嚴謹的組織和充分準備,因此缺乏周詳的作戰計畫及完善的戰場經營。部隊處於浮動狀態難以應戰,導致一路敗退未經決戰就退出戰場。設若 1932 年 3 月 21 日,史迪威攜蔣中正手令由渝抵臘戍,遵照「曼德勒會戰計畫」進行備戰,待遠征軍入緬部隊全部到達再與敵決戰。以 3 月 10 日兩人的談話紀錄所載,蔣中正告知部隊集中需時半月,則 3 月下旬或 4 月上旬即可到達,總兵力 10 個師(不含英軍 2 個師 1 個裝甲旅)。史迪威若按計畫實施,遠征軍備戰時間充裕。可以在曼德勒以南附近國軍所選定的地區先期經營戰場,集中兵力完成會戰部署再和日軍主力作一次總決戰,也就沒有同古增兵及平滿納部署的徒勞無功。決戰無論勝負都將予敵軍重大傷亡,即使在激戰中壯烈犧牲,其意義也遠勝於折損在洪荒未闢的野人山。

　　若認為史迪威按「曼德勒會戰計畫」實施即可贏得勝利,係主觀意識的認定未必盡然,需以可信度高的資料分析比較,所得答案較為客觀。國軍歷年的防衛作戰計畫都要實施兵棋推演,以敵情威脅為基礎,檢討計畫的可行性及利弊得失,以利改進並提供決策參考。證明作戰計畫經由推演所得到的結果可信度高,已經成為現代下達重大軍事決心的主要依據。因此驗證戰史上的作戰計畫,同樣適用於學術研究(以大軍作戰為限,由於戰略上的錯誤,戰術上難以改變,推演至戰略態勢形成為止)。如果史料符合驗證需要,以力、空,時等戰略要素為基礎實施推演,透過理論和實務的解釋,則結論甚為客觀,不失為戰史研究的科學方法。如 1981 年三軍大學(國防大學的前身之一)以圖上兵棋推演的方式,探討 1948 年徐蚌會

戰 [10] 的成果豐碩，國防部頒發負責策劃及主推的陸軍戰略組主任教官李啓明少將獎章乙枚，說明這項推演在學術研究上具有參考價值。遠征軍第一次緬甸作戰的資料，中日雙方的戰史記載詳細，檔案解密與專書著作數量眾多，足以驗證「曼德勒會戰計畫」付諸實施最可能的戰況發展，試為評析。

　　依據遠征軍進入緬甸初期部署曼德勒會戰的基礎態勢（參見頁 26「1942 年 3 月 16 日敵我態勢圖」）[11]，檢視開戰後的作戰發展：在同古地區的第 200 師將依據掩護部隊的作戰要領，以遲滯作戰引敵深入我選定的決戰地區（曼德勒以南）。西翼決戰方面，第 5 軍在曼德勒南方附近布置口袋陣地與敵決戰，以英 1 軍所屬部隊固守城市拘束日軍（新 38 師到達曼德勒後接替守城任務），主力置於城市東北，轄新 22、第 96 及撤回的第 200 師。軍直屬部隊戰車團、砲兵團及各直屬砲兵營到達後，亦部署在決戰地區附近。均配合欺敵措施密匿企圖，步戰砲集中兵力適時發動攻勢打擊日軍側背，殲滅敵軍主力。東翼持久方面，第 6 軍主力在雷列姆南北沿山地道路建構縱深陣地，實施強韌的逐次抵抗以掩護西翼決戰的側背安全。以一部在景東、孟畔邊境擔任對泰、越警戒，暫編第 55 師一個團在羅衣考機動應變，遠征軍總預備第 66 軍（欠新 38 師）保持彈性待命反擊。為拘束與打擊相互策應，攻守兼顧各個擊滅的決戰部署。

　　綜觀中國遠征軍的曼德勒會戰指導，以先處戰地之利經營戰場完成作戰準備，以逸待勞引敵深入，集中兵力先擊滅西翼進入口袋陣地的敵軍主力，再轉移兵力擊滅東翼敵軍。另一方面，日軍戰史記載，其第 15 軍同樣策劃曼德勒會戰計畫（參見頁 12「日軍第 15 軍曼德勒會戰計畫示意圖」）。總兵力 4 個師團，分別加強戰車、砲兵等編成協同作戰部隊。發動攻勢後，日軍以第 56 師團編組機動打擊兵力從東翼雷列姆地區突穿，攻占臘戍切斷遠征

10　中國大陸戰史稱「淮海戰役」。

11　「1942 年 3 月 16 日敵我態勢圖」為仰光失陷後，1942 年 3 月 16 日遠征軍部署曼德勒會戰，部隊逐次展開尚未完全到達定位。基礎態勢足以顯示西翼決戰，東翼持久。先殲滅西翼日軍，再轉移兵力殲滅東翼日軍。3 月 21 日史迪威到達緬甸，當夜即命杜聿明率部南下指揮同古作戰，曼德勒會戰形同棄置，戰場經營也就中止。

軍退路，主力第 18、第 55、第 33 師團則沿中部仰曼道路及伊洛瓦底江地區向曼德勒方面突進，包圍敵軍主力兩翼，以壓倒殲滅敵軍於伊落瓦底江東岸。從中日兩軍各自兵力數量計算戰力，敵我師團與師的戰力比為 3:1，即國軍 3 個師可以對抗日軍 1 個師團。當下國軍 10 個師，日軍 4 個師團，總戰力日軍較優並可獲得戰機支援。若英軍參戰，則敵我戰力以概等計（英軍師級的武器裝備雖與日軍師團級概等，訓練與士氣卻遠為低落。鑑於英軍在錫唐河作戰的損失甚大，另調英澳第 63 旅及英裝甲第 7 旅增援，但日軍擁有空優）。雙方的兵力部署及中英聯軍與日軍之總戰力對比相當明朗，經由推演概可驗證結果。

　　參見藤井元博所述，當時日本南方軍在東南亞所向披靡，捷報頻傳。影響所及也激起緬甸官兵熱血沸騰與必勝信心，唯恐中國軍隊逸出戰場，失去立功機會。第 15 軍司令官之會戰指導為果敢之戰場追擊。[12] 為盡速捕殲中國軍主力，限令部隊縮短休息時間，不待整補勇猛突進。以日軍急求戰功積極北前，充滿自信的發動會戰，西翼主力 3 個師團在攻勢衝力的推動下，兵力龐大一發不可止。勢必進入遠征軍預置的口袋陣地，即曼德勒以南附近先期經營的殲敵地區進行決戰，此地為較易發揮戰力的平原丘陵地帶，有利攻勢決戰。**第 5 軍以新 38 師固守城市阻止尖端，另以主力 3 個師及軍直屬部隊裝甲兵團、砲兵團等，從曼德勒東北的打擊位置向西南發動攻勢，側背打擊的戰力可提高 3 倍以上，形成局部優勢。且地形利於第 5 軍速戰速決，均為決勝關鍵。東翼多高山，日軍以 1 個機動師團，要突穿第 6 軍沿地形要點及山地道路所部署的縱深陣地當非易事。在時空因素上，第 5 軍以內線作戰指導，可先殲滅西翼日軍主力，再轉移兵力擊滅東翼日軍。總預備隊第 66 軍策應主、支作戰，適時反攻，將產生決定性效果。遠征軍以後退決戰，側背打擊的戰法，決戰時的態勢有利，成功公算較大。英軍見勝利可期，2 個師 1 個裝甲旅亦將投入戰場分享戰果，打擊戰力大增可以速勝。**

12　日本防衛廳防衛研修所戰史室編著，曾清貴譯，《緬甸攻略作戰》，日軍對華作戰紀要叢書（44）（臺北：國防部史政編譯局，1997 年），頁 522-523。

　　研究作戰史，通常引證歷史上的重要戰例，藉以檢視其可行性。公元前 263 年中國春秋戰國時期，秦、趙兩國的長平會戰。秦將白起採取後退決戰的戰法，先在後方構築防禦壁壘，交戰時佯敗引敵追擊。誘敵深入至壁壘之前以守軍阻其攻勢，並預置伏兵斷敵退路。再動員大量民力構工築城，堅實壁壘圍困趙軍。另派驍騎急襲敵後，奪取要地阻敵增援，40 萬趙軍糧斷投降，悉數遭秦軍坑殺。公元前 216 年西方羅馬時期的坎尼會戰（Battle of Cannae），迦太基大將漢尼拔（Hannibal Barca）入侵義大利。兩軍對陣時均以步兵部署在中央，騎兵配置兩翼。漢尼拔以突出的弓形陣地與敵接戰，步兵在羅馬軍猛烈攻擊下逐次後退，形成凹形口袋誘敵進攻。再以外側步兵向內席捲完成包圍，兩翼騎兵迂迴敵後實施顛倒正面攻擊，以後退決戰全殲敵軍。羅馬軍傷亡約 7 萬，包含執政官在內。中外這兩次後退決戰，均為千古著名的戰史。近則 1941 年 12 月底至次年 1 月中旬的第三次長沙會戰，國軍戰力劣勢，以後退決戰待敵深入。乘其兵力為數條橫向河流分割，前後分離之際發起反擊，沿河掃蕩分段殲敵 5 萬 6 千。為第　次緬甸作戰前 3 個月才戰勝的經典之作。曼德勒會戰若按計畫實施，遠征軍在日軍勇猛向北衝擊時，發動攻勢由東北向西南實施側擊，將壓迫日軍主力於伊洛瓦底江東岸地區而擊滅之，不難再創後退決戰的輝煌戰積。史迪威指揮大軍作戰不按計畫實施，敵前抗命改變決戰地區，擱置引敵深入側背打擊的曼德勒會戰計畫，反而前推 300 公里，到同古打一場臨機下令，準備不足、意見分岐的大型遭遇戰，致使 1942 年遠征軍緬甸作戰成為一場失去的勝利。

附錄一
本書譯名與國軍戰史慣用譯名對照表

本書譯名	原文	國軍戰史慣用譯名
阿蘭廟	Allanmyo	阿藍模、阿藍廟、亞蘭謬
勃固	Bago	庇古、培古
歸約	Gwegyo	貴酉、貴羊
和榜	Hopong	河邦
英帕爾	Imphal	印普哈
因道	Indaw	印道
卡薩	Katha	杰沙
皎脈	Kyaukme	喬梅
喬克巴唐	Kyaukpadaung	喬克巴党、喬克巴當、喬克拍當、巧克拍當
羅衣考	Loikaw	禮固、壘固
馬格威	Magway	馬魏
曼德勒	Mandalay	瓦城、曼得勒、曼得列
毛淡棉	Mawlamyine	摩爾門
密鐵拉	Meiktila	梅克提拉、梅鐵拉
孟畔	Mong Pan	猛畔
敏建	Myingyan	敏揚、敏楊
賓河	Pinchaung River	拼牆河、平墻河
普羅美	Prome	普羅姆
蘭伽	Ramgarh	藍伽
斯高特	Scott (James B. Scott)	史高特
瑞保	Shwebo	斯威簿、斯威堡、士威坡
錫唐河	Sittaung River	西唐河、西塘河
斯利姆	Slim (William J. Slim)	史林姆、士林姆、斯列姆
東敦枝	Taungdwingyi	唐得文伊
棠吉	Taunggyi	東枝
同古	Taungoo	東瓜、東吁
仁安羌	Yenangyaung	燕南羌、燕南 、彥南陽、彥南揚、葉南陽

附錄二
《國軍軍語辭典》常用名詞節錄

整理：陳偉寬

編按：張鑄勳

資料來源：國防大學軍事學院編修，《國軍軍語辭典（九十二年修訂本）》
（臺北：國防部，2004 年 3 月 15 日頒行）。

說明：《國軍軍語辭典》頁面編碼格式為「章 - 頁」，例如第 2 章第 1 頁即標
示為「2-1」，各辭目出處備註於結尾。

戰爭：國家、政治集團和國家集團間，為實現其政治主張，或維護其主權、
利益，屈服對方所採取之武力行為。（2-1）

戰略：為建立「力量」，藉以創造與運用有利狀況之藝術，俾得在爭取所望
目標或從事決戰時，能獲得最大的成功公算與有利之效果。（2-6）

戰略體系：戰略層級區分為大戰略及國家戰略、軍事戰略、軍種戰略、野戰
戰略。上一層之戰略應指導下一階層之戰略，下一階層之戰略應支持上
一階層之戰略，形成完整而一貫的戰略體系。（2-6）〔編按：大戰略及
國家戰略均區分為政治戰略、經濟戰略、軍事戰略、心理戰略。軍語辭
典所註解者為軍事戰略所屬的體系。戰爭決定國家存亡與發展，國防戰
略係在國家戰略內協調綜合國力支持武力的建立與運用。心理戰略包含
文化、信仰、社會、價值觀及宣傳等，對心理所造成的影響。戰略是以
科技（力量）為基礎的藝術，在某些領域甚具決定性。由於類別廣泛，
分工細緻，偏向工具性，尚未另成戰略。係在不同的戰略層級中研究創
新與交互運用，以最少的成本發揮最大效益。野戰戰略為用兵的理論、

原則，提供策劃軍事戰略與指揮大軍作戰的學術基礎，區分陸戰戰略、
海戰戰略、空戰戰略。〕

大戰略：為建立同盟國之力量，藉以創造與運用有利狀況之藝術，俾得在爭
取同盟國之目標時，能獲得最大的成功公算與有利之效果。（2-6）

國家戰略：為建立國力，藉以創造與運用有利狀況之藝術，俾得在爭取國家
目標時，能獲得最大的成功公算與有利之效果。（2-6）

軍事戰略：為建立武力，藉以創造與運用有利狀況，以支持國家戰略之藝
術，俾得在爭取軍事目標時，能獲得最大之成功公算與有利之效果。
（2-7）

野戰戰略：運用野戰兵力，創造與運用有利狀況，以支持軍事戰略之藝術，
俾得在爭取戰役目標或從事決戰時，能獲得最大之成功公算與有利之
效果。（2-11）〔編按：野戰戰略的軍語早年從英國引進，德國稱作戰戰
略，現在通稱戰區戰略，為指揮大軍作戰的要則。隨戰爭型態的改變與
時皆進，延伸發展為陸戰戰略、海戰戰略及空戰戰略。〕

戰術：戰術乃在戰場（或預想戰場）及附近，運用戰力，創造與運用有利狀
況，以支持戰略之藝術，俾得在爭取作戰目標或從事決戰時，能獲得最
大的成功公算與有利之效果。（6-7）〔編按：戰略與戰術的關係，戰略
指導戰術，戰術支持戰略。戰略為戰場外的布局，創造決戰時的有利態
勢，勝兵先勝而後求戰。戰術在戰場及其附近用兵，著眼於出敵意表避
實擊虛，發揮統合戰力擊滅敵軍。〕

戰鬥：部隊於戰場上直接與敵搏鬥並發揮戰技之效用，以達成戰術要求。
（6-7）〔編按：用兵不外攻守，在軍語的運用上，戰略稱攻勢守勢，戰
術稱攻擊防禦、戰鬥為戰具與戰技的運用。軍團以上為大軍作戰，屬戰
略部隊，軍為戰術部隊（增配可以持久作戰的戰鬥支援或勤務支援部
隊，成為獨立作戰軍即可執行戰略性的任務），師、旅、團、營均為戰
術性的部隊，連排為戰鬥單位，營為戰術與戰鬥的結合，從戰術作為進
入戰鬥行動。〕

大軍：陸軍獨立作戰軍以上之大部隊，海軍特遣艦隊、空軍航空師或兩個

（含）以上聯隊所編組的部隊。就防衛作戰言，為獨立遂行某一地區防衛作戰任務之作戰區或防衛部；大軍之編成，通常轄有若干戰略基本單位及所要之戰鬥支援及勤務支援部隊。（2-12）〔編按：戰略基本單位為聯合兵種所組成，係固定編組的作戰部隊，如師、旅團及營均屬戰術層級，同類型部隊在人員及編裝上的戰力值概同。為戰略上運用和計算戰力的基準，稱戰略基本單位，海空軍依編裝特性設定基準。〕

戰場：敵對雙方作戰行動的空中、陸上、海上與太空領域，涉及雙方兵力設施、天候、地形、電磁波與資訊應用的作戰空間。（2-15）

野戰：指軍隊在城鎮及要塞以外地區進行之作戰。（2-17）

戰區：為三軍聯合、軍政一元之最高野戰單位。主在運用野戰戰略指揮所轄三軍部隊，遂行獨立、廣泛連續之作戰。（2-12）

作戰區：以陸軍軍團（或防衛部）為主體組成，除指揮其編製與編配之部隊外，並作戰管制地區內之友軍地面部隊。通常依任務需要，區分若干個作戰分區或守備區。（6 57）

攻勢作戰：大軍主動尋求敵人迫敵決戰之積極行動。（6-3）

守勢作戰：大軍抵抗敵之攻勢，確保地域，就經營之戰場與敵決戰，待機轉移攻勢之行動。（6-4）

持久作戰：為全般作戰中某一特定時、空之作戰行動，其目的在贏得所望時間，使其他方面或爾後之主作（決）戰有利。（6-4）

內線作戰：為在中央位置之作戰軍，對兩個（含）以上不同方向敵軍作戰；但在一個地障之近端，橫的連絡線較短，而對一個方向，被地障分離及橫的連絡線較長之兩個或兩個以上敵軍之作戰亦屬之。（2-15）

外線作戰：從兩個（含）以上方向，對中央位置敵軍，實施分進合擊，對敵形成戰略包圍之作戰；但從一個方向，使用兩個或兩個以上為地障隔離之兵團，在對該地障遠端且橫向連絡線較短敵軍之作戰亦屬之。（2-15）

中央位置：我部隊居於兩個分散敵軍之間，阻止敵軍集中或會合，而能予以各個擊破。（2-15）

作戰基地：作戰基地為作戰發起之根據地，係補給之起點，亦為持續戰力之

泉源。（6-3）

基地：一、基地乃建立與發展主要作戰及後勤設施之地區，戰略物資之集中地，大軍後勤持續力之根據地。二、攻勢基地係以兩棲登陸作戰為起點之戰役中第一期會戰所攻佔之地區。亦即用以建立後勤區、增長兵力、集積補給基準、發展基地，以支援發動第二期會戰及爾後作戰之地區。（8-3）

作戰線：為作戰基地至戰略目標間，律定作戰軍主力行動方向之基準線，具有實際之空間，包括公路、鐵路與海空航線等。（2-16）

補給線：從基地至前方作戰部隊間各種後勤設施相連之線，為大軍作戰所需各種軍品與兵員前運及傷患與損壞裝備後送之路（航）線，其安全與暢通可確保並增進持續戰力。（2-16）

連絡線：基地至野戰部隊間，以及各野戰部隊間，相互連繫與資源所使用之道（航）路。（2-16）

交通線：三軍部隊機動、運補及連絡所用之道（航）路。（2-16）

協同：兩個（含）以上單位，基於平時和預先協同訓練與商定之合作要領，對同一業務或同一目標共同配合工作或實行作戰，期能發揮綜合力量，以達成工作上或作戰上目的之謂。（6-3）

正規作戰：運用傳統攻守作戰與手段方式所遂行之作戰。（6-4）

非正規作戰：不藉純武力與一般軍事手段，打擊敵人及顛覆政權之特種作戰行動。（6-4）

獨立作戰：某部隊不依賴上級或友軍之支援，而能在自給自足之狀況下，對某特定任務，在計劃之時空內，從事作戰。（6-4）

縱深作戰：對敵後縱深地區之部隊、設施實施偵蒐、打擊、破壞之作戰。（6-5）

機動作戰：乃依指揮指靈活運用，部隊之迅速機動，造成我們一時間、空間的戰力優勢，而乘機捕捉、殲滅敵人。（6-54）

戰役：武力戰全程中某一時期之野戰行動，通常包括一至數期或數方面之會戰。（2-10）

會戰：為戰役進程中某一期程或方面之大軍野戰行動，包括戰略集中、戰略機動、決戰、戰略追擊或退卻等。一期會戰可包括一至數次（地）決戰，會戰概為三軍聯合作戰型態。（2-10）

緒戰：戰役（會戰）發起與敵第一次之作戰行動。（2-16）〔編按：緒戰為大軍作戰發動攻勢時的首戰，著眼於開創爾後作戰的有利機勢。〕

作戰：軍事交戰不強調規模、類型及軍力大小的通用語。最常使用，不屬軍語的範圍，並未列入辭典。

全程戰略：大軍野戰行動由作戰發起以迄到達最後戰略目標，自始至終均應納入預定計畫，並依計畫指導全程行動。（2-11）〔編按：大軍作戰的兵力龐大後勤複雜，部隊調動不易，需時甚長，具計劃性、鈍重性。且任務地區遼闊，作戰期程較長，必須統一觀念，先期準備，規劃全程戰略（或稱全程戰略構想），做為掌握主動，爭取先制的指導綱要。全程戰略的實施不宜輕易改變，規劃應具彈性以利應變，屬於概念性的指導文件。隨戰況進展依情勢變化適度修訂，為策訂各階段作戰計畫的依據。〕

戰略構想：為完成戰略任務所策定之行動預想，應包括目的、兵力、時間、空間、手段、應變等要項及各時期（階段）之行動要領，為「計畫」之主幹。（2-14）

戰略集中：為三軍大部隊及其後勤支援向企圖發動作戰之地區運動與集結，以完成有利之戰略部署。（2-13）

戰略機動：大軍作戰對敵形成有利態勢之運動。（2-13）

戰略展開：大部隊於完成戰略集中或戰略機動後，為實施預想之決戰，依決戰指導綱要（計畫），賦予各部隊任務，使就有利之配置。

正規作戰：運用傳統攻守作戰與手段方式所遂行之作戰。（6-4）

非正規作戰：不藉純武力與一般軍事手段，打擊敵人及顛覆敵政權之特種作戰行動。（6-4）

獨立作戰：某部隊不依賴上級或友軍之支援，而能在自給自足之狀況下，對某特定任務，在計劃之時空內，從事作戰。（6-4）

縱深作戰：對敵後縱深地區之部隊、設施實施偵蒐、打擊、破壞之作戰。
（6-5）

機動作戰：乃依指揮指靈活運用，部隊之迅速機動，造成我們一時間、空間的戰力優勢，而乘機捕捉、殲滅敵人。（6-54）

兵團：為三軍戰略單位（軍團）以上大部隊行兵力部署之通稱。（2-12）

集團軍：為國軍早期與共軍現行之軍隊編制名稱，惟其意義不同。一、國軍之集團軍編制可編配 2 至 5 個軍團，任戰區某方面之作戰負會戰指揮及行政督導管制之責。二、共軍之集團軍編制由若干個師旅編成的軍隊以及組織，一般隸屬於軍區或方面軍，為基本戰役軍團單位。（2-12）

軍團：由兩個或兩個以上之軍及戰鬥、戰鬥支援與勤務支援部隊所組成，為陸軍野戰部隊中遂行野戰戰略之單位。（6-1）〔編按：軍團（含）以上部隊為戰略層級，作戰指揮係以野戰戰略的學理與大軍指揮準則為主要依據。〕

軍：為野戰部隊中大於師而小於軍團的作戰單位，通常轄有兩個或兩個以上之師及必要之戰鬥支援及勤務支援部隊。（6-1）〔編按：軍級為戰術層級的作戰軍位，編配可以長期獨立作戰的戰鬥支援及勤務支勤部隊，即為戰略層級的部隊。〕

師：為作戰指揮機構，師除司令部及必要之直屬連外，並無建制之戰鬥與戰鬥支援部隊，作戰時依令指揮 2 至 5 個旅級單位作戰，且不具勤務支援責任。（6-1）〔編按：近代的師級部隊為聯合兵種基本單位，具戰鬥部隊、戰鬥支援部隊、勤務支援部隊固定編組的作戰部隊。國軍的師級在精減後為作戰指揮機構。抗戰時期國軍師級部隊概為步兵師，編制缺戰車、砲兵等，並非聯合兵種基本戰位，戰力與日軍師團對比遠為劣勢。〕

包圍：以一部於正面牽制、拘束敵人，主力指向敵之側背、陣地之間隙或弱點，遮斷其退路及增援，阻截敵人於戰場或壓迫敵人於地障而殲滅之。
（6-14）

迂迴：完全避開敵人之防禦正面，遠繞敵陣地之外翼，向其背後機動，攻擊

其後方要點或設施，截斷敵後路，摧毀其部署及心理平衡，迫敵放棄陣
地或顛倒正面與我決戰。（6-15）

突穿：集中戰力與狹小正面，貫穿敵之防禦縱深，分斷敵軍後，攻擊敵人之
側翼或依席捲導致包圍，予以各個擊滅。（6-15）

擴張戰果：對於露敗跡但仍企圖挽回頹勢之敵，施以持續之打擊，以促其潰
敗之攻勢（擊）行動。（6-19）

逐次抵抗：在敵軍進攻必經路線上，利用縱深地區，依數帶陣地或多數據
點，一面抵抗，一面向後脫離戰鬥之方式，主以空間換取時間，遲滯敵
人之前進行動，並在避免決戰的狀況下，使敵蒙受最大損害。（6-24）

脫離戰鬥：與敵人接觸中之部隊，主動或被迫與敵脫離之作戰行動。（6-24）

撤退：戰鬥部隊與敵人脫離接觸，而實施之戰術行動。（6-24）

追擊：對脫離戰鬥和退卻之敵所行之攻擊行動。（6-19）

轉進：為遂行新任務和避免在不利狀況下作戰，而暫時終止戰鬥，迅速脫離
戰鬥與遠離敵人之行動。（6-24）

伏擊：憑藉有利之地形，以逸代勞，以暗擊明，對運動中之敵予以奇襲，殲
滅敵軍、俘獲人員或軍品、蒐集情報，或完成戰術上特定之任務。（6-
26）

射界：指槍砲高低或左右所能射擊之範圍。（6-29）

指揮：依法授予某個人以掌握與運用軍隊之職責，該個人將其意志變成所屬
部隊之行動。（6-47）

參謀組織：為協助指揮官遂行指揮之軍官，依職責所編組成之幕僚編組（如
一般參謀、特業參謀等）。（6-49）

作戰概念：指揮官之任務分析後所策定如何指導作戰之初步概略構想，亦稱
一般構想，旨在提示我軍行動方案概要，與應達成之目的和目標，俾據
以指導參謀作業。（6-50）

作戰會議：指揮官對其所屬下達作戰命令之會議。亦為計畫及執行作戰所召
集之協調會議，可以指揮官會議和參謀會議方式行之。（6-53）

決心：指揮官依據所負之任務，經由狀況判斷，對當前作戰在戰略、戰術和

戰鬥指導上，所作之決心決定。應包括「何人、何事、何時、何地、如何及為何」等6項。其記述並無一定不變之順序，以明確通順為度，內容之繁簡，由指揮官視狀況需要決定之。（6-51）

作戰構想：為指揮官基於決心，考量作戰全程之指導要領，形成一明晰之意念，俾供參謀人員據以擬定計劃，並使下級指揮官能體察其全般指導之意圖。其記述內容，通常應包括作戰目的（目標）及手段，兵力及火力運用，時空範圍，所要準備，行動時機，預期發展，應變措施，爾後行動，及其他有關作戰指導之重要事項等。（6-51）

全般概念：為作戰構想之大綱，亦即本作戰指導之準繩，記述宜簡明，應含有兵力、時間、地點、目的、手段等要素。（6-51）

作戰階段：部隊指揮官，基於作戰地區空間大小、地形、敵情、後勤整備等狀況，將作戰全程規劃分若干階段，逐次達成。（6-53）

計畫：為完成軍事行動之方法或方案，以實現指揮官之決心或企圖。（6-51）

作戰命令：為指揮官發布之有關作戰行動之命令。（6-47）

預備命令：為命令或處理的一種預先通知，旨在給予所屬對未來行動計劃有較裕餘之準備時間。（6-47）

任務式命令：對某一單位下達之命令，其中說明應完成之任務，關於如何完成則不加規定。（6-52）

現行作業程序：為一完整具有命令強制性之規定，藉以簡化命令之草擬及減少因傳遞命令所需之通訊負荷量，現行作業程序之效力視同命令，若無特別指示時，均應遵循規定程序實施之。（6-47）

戰備整備：係依據作戰構想，預想作戰推移與需求，前瞻規劃整體性，連貫性及長期性之各項整備措施，並逐步完成，以獲致累積效果，其目的在堅實戰備，奠定作戰成功之基礎，並能適應不預期之狀況。（6-52）

作戰序列：基於戰略上用兵需要，將若干戰略、戰術及勤務支援部隊，置於某一指揮官指揮之下，遂行獨立、廣泛、連續之作戰，對此一指揮官所隸單位，統稱為其「作戰序列」單位，此一序列之指揮官及配置之部隊數量，由最高統帥和最高軍事指揮官核定之。（6-48）〔編按：抗戰時期

的戰略與戰術體系沒有現在完整,抗戰史所載的戰鬥序列,有些是現在軍語所稱的作戰序列。〕

教育:具有廣泛性、基礎性與啟發性,它是一種面的鋪設,著重於知識原理與觀念的傳輸及思維能力的培植,透過教育可以使人增進一般知識,並為個人奠定以後自我發展的基礎。(7-1)

訓練:係對所屬人員,作有計畫的學識、技術與能力培養,使其勝任現職及將來擔任其他要職的學能。(7-5)

準則:為指導建軍備戰理論及實務的準據,涵蓋戰略以至戰技各層面,並構成完整系統,發展為要綱、教則、教範、手冊、教令等,使三軍之作戰運用與教育訓練有所遵循。(7-16)

想定:為誘導演習所擬定之一種假設狀況,其目的在對指揮官(裁判官)與管制人員,提供有關演習指導及管制之依據,以誘導參演幹部和部隊經歷各種狀況,完成所要之教育訓練。(7-19)

模擬:藉由某種方式將真實世界的景況作具體的表達或呈現。(7-23)

實兵模擬:以實兵武器裝備將真實世界的景況作具體的表達或呈現。(7-24)

徵引書目

檔案

《蔣中正總統文物》，國史館藏。

〈一般資料—民國三十年（三）〉

〈事略稿本—民國三十一年四月〉

〈革命文獻—同盟國聯合作戰：史迪威將軍就職〉

〈革命文獻—同盟國聯合作戰：重要協商（一）〉

〈革命文獻—同盟國聯合作戰：遠征軍入緬（一）〉

〈革命文獻—同盟國聯合作戰：遠征軍入緬（二）〉

〈革命文獻—抗戰方略：後方部署〉

〈遠征入緬（一）〉

〈遠征入緬（二）〉

〈遠征入緬（三）〉

〈親批文件—民國二十八年一月至民國五十九年八月〉

〈籌筆—抗戰時期（四十七）〉

〈籌筆—抗戰時期（四十八）〉

《國民政府》，國史館藏。

〈緬甸戰役得失評判（一）〉

〈緬甸戰役得失評判（三）〉

《國防部史政編譯局》，國家發展委員會檔案管理局藏。

〈滇緬路作戰〉

《國防部史政局和戰史編纂委員會》，中國第二歷史檔案館藏。

〈新編第三十八師緬甸戰役戰鬥詳報〉

《陸軍一般史料》，防衛省防衛研究所藏。

〈緬甸作戰経過の概要　昭和 17・6・15〉

防衛研究所戰史研究センター史料室藏。

〈ビルマ進攻作戰の構想　昭 17・1 ～ 17・12〉

〈ビルマ進攻作戰間に於ける　第 33 師団作戰史〉

〈ビルマ戡定作戰（上卷）　昭 16・7 ～ 17・6・15〉

〈大東亜戰爭關係　那須義雄少将回想録〉

〈南方作戰　開戰初期に於ける重要書類綴　昭 16・9・18 ～ 17・2・16〉

〈南方軍（隷下部隊）關係電報綴　昭和 16・10・19 ～ 17・12・23〉

〈南方軍作戰關係資料　昭 16・12・末 ～ 17・12・末〉

〈昭和 16・11・28 ～ 17・1・13　參謀本部第一部長田中新一中将業務日誌（1/7）〉

〈昭和 17・1・14 ～ 17・4・26　參謀本部第一部長田中新一中将業務日誌（2/7）〉

〈第 55 師 緬甸進攻作戰記録〉

〈開戰初期に於ける　近藤傳八日記〉

〈飯田祥二郎戰塵日録　第 3 部大東亜戰爭　昭和 16・12・1 ～ 18・3・17〉

〈機密作戰日誌資料　南方総軍の統帥（進攻作戰期）　昭 31・14 記〉

「徐永昌日記」，中央研究院近代史研究所近代春秋 TIS 資訊系統：http://mhdb. mh.sinica.edu.tw/diary/enter.php 。

「蔣中正日記」，史丹福大學胡佛研究所藏。

專書

Alexander of Tunis, *The Alexander Memoirs, 1940-1945*. Barnsley: Pen & Sword Books Ltd., 2020, reprint ed.; 1st ed. 1962.

Slim, William, *Defeat into Victory*. London: Cassell and Company, Ltd., 1956.

Stillwell, Joseph W., ed. Theodore H. White, *The Stilwell Papers*. New York: Da Capo Press, 1991.

中國人民政治協商會議全國委員會文史資料委員會《遠征印緬抗戰》編審組編，《原國民黨將領抗日戰爭親歷記：遠征印緬抗戰》，北京：中國文史出版社，1990 年。

中國第二歷史檔案館編，《抗日戰爭正面戰場》，中冊，南京：鳳凰出版社，2005 年。

中國第二歷史檔案館編，《滇緬抗戰檔案》，上冊，北京：中國文史出版社，

2018 年。

巴巴拉‧W. 塔奇曼（Barbara W. Tuchman）著，萬里新譯，《史迪威與美國在中國的經驗 1911-1945》，北京：新星出版社，2007 年。

日本防衛廳防衛研修所戰史室編，賴德修譯，《大本營陸軍部（二）：南進或北進之抉擇》，日軍對華叢書（20），臺北：國防部史政編譯局，1968 年。

日本防衛廳防衛研修所戰史室編，曾清貴譯，《緬甸攻略作戰》，日軍對華作戰紀要叢書（44），臺北：國防部史政編譯局，1997 年。

史迪威（Joseph W. Stilwell）著，林鴻譯，《史迪威日記》，哈爾濱：北方文藝出版社，2014 年。

克勞塞維茨（Carl von Clausewitz）著，鈕先鍾譯，《戰爭論》（*On War*），中冊，臺北：軍事譯粹社，1980 年。

呂芳上主編，《中國抗日戰爭史新編：全民抗戰》，臺北：國史館，2015 年。

李德哈特（B. H. Liddell Hart）著，鈕先鍾譯，《戰略論：間接路線》，臺北：麥田出版，2001 年。

步兵研究發展室編訂，《步兵團（民國五十七年六月三十日修訂）》，桃園：陸軍總司令部，1968 年。

沈克勤編著，《孫立人傳》，上冊，臺北：臺灣學生書局，2005 年。

阮大仁、傅應川、張鑄勳、周珞合著，《一號作戰暨戰後東亞局勢的影響》，臺北：臺灣學生書局，2019 年。

防衛庁防衛研修所戰史室，《戰史叢書：ビルマ攻略作戰》，東京：朝雲新聞社，1967 年。

周美華編，《蔣中正總統檔案：事略稿本》，第 48 冊，臺北：國史館，2011 年。

周美華編，《蔣中正總統檔案：事略稿本》，第 49 冊，臺北：國史館，2011 年。

服部卓四郎著，軍事譯粹社編輯室譯，《大東亞戰爭全史（II）》，臺北：軍事譯粹社，1978 年。

波多野澄雄，《幕僚たちの真珠湾》，東京：吉川弘文館，2013 年。

邱吉爾（Winston S. Churchill）著，吳萬沈等譯，《第二次世界大戰回憶錄‧第四卷：命運的關鍵（1942 年至 1943 年 5 月）》，臺北：左岸文化事業有限公司，2002 年。

《活用作文國語辭典》，臺北：旺文出版社，2000 年。

哈羅德‧亞歷山大（Harold Alexander）著，劉衛國等譯，《亞歷山大元帥戰爭回憶錄》，北京：解放軍出版社，2014 年。

威廉・約瑟夫・斯利姆（William Joseph Slim）著，萊桑卓譯，《反敗為勝：
　　斯利姆元帥印緬地區對日作戰回憶錄（1942-1945）》（*Defeat into Victory:*
　　Battling Japan in Burma and India, 1942-1945），北京：民主與建設出版
　　社，2021 年。

軍事委員會軍訓部頒行，《作戰綱要草案：第一部》，南京：拔堤書局，1947
　　年。

軍事委員會軍訓部頒行，《作戰綱要草案：第二部》，南京：武學書局，1952
　　年。

孫立人講述，沈敬庸編輯，《中國軍魂：孫立人將軍鳳山練軍實錄》，臺北：臺
　　灣學生書局，2013 年。

孫克剛，《緬甸蕩寇志》，上海：時代圖書公司，1946 年，再版。

徐康明，《中國遠征軍史》，臺北：文史哲出版社，2014 年。

秦孝儀總編纂，《總統蔣公大事長編初稿》，卷 5 上冊，臺北：財團法人中正文
　　基金會，1978 年。

秦孝儀主編，《中華民國重要史料初編——對日抗戰時期・第二編：作戰經過
　　（三）》，臺北：中國國民黨中央委員會黨史委員會，1981 年。

秦孝儀主編，《中華民國重要史料初編——對日抗戰時期・第三編：戰時外交
　　（二）》，臺北：中國國民黨中央委員會黨史委員會，1981 年。

秦孝儀主編，《中華民國重要史料初編——對日抗戰時期・第三編：戰時外交
　　（三）》，臺北：中國國民黨中央委員會黨史委員會，1981 年。

袁梅芳、呂牧昀編著，《中國遠征軍：滇緬戰爭拼圖與老戰士口述歷史》，香
　　港：紅出版、青森文化，2015 年。

國防大學軍事學院編修，《國軍軍語辭典（九十二年修訂本）》，臺北：國防部，
　　2004 年 3 月 15 日頒行。

國防部史政編譯局編，《抗日戰史：滇緬路之作戰》，臺北：國防部史政編譯
　　局，1982 年，再版。

國防部史政編譯局，《抗日戰史：緬北及滇西之作戰（一）》，臺北：國防部史政
　　編局，1982 年，再版。

國防部史政編譯局，《抗日戰史》，第 1 冊，臺北：國防部史政編局，1994 年，
　　再版。

張鑄勳主編，《抗日戰爭是怎麼打贏的：紀念黃埔建校建軍 90 週年論文集》，臺
　　北：國防大學，2014 年。

陸軍教育訓練暨準則發展委員會編審,《陸軍作戰要綱——大軍指揮（草案）》,桃園:陸軍總司令部頒行,1989 年。

陸軍教育訓練暨準則發展委員會編審,《陸軍作戰要綱》,桃園:陸軍總司令部,1999 年 1 月 1 日頒行。

陸軍總司令部編訂,《大軍指揮綱要》,臺北:國防部,1967 年。

森山優,《日本はなぜ開戰に踏み切ったか——「兩論併記」と「非決定」》,東京:新潮社,2012 年。

黃仁宇,《從大歷史的角度讀蔣介石日記（增訂本）》,北京:九州出版社,2011 年。

黃嘉謨、陳存恭訪問,陳存恭紀錄,《勞聲寰先生訪問紀錄》,臺北:中央研究院近代史研究所,1988 年。

齊錫生,《劍拔弩張的盟友:太平洋戰爭期間的中美軍事合作關係（1941-1945）》,臺北:中央研究院、聯經出版事業公司,2012 年,修訂版。

劉偉民,《劉放吾將軍與緬甸仁安羌大捷》,上海:今日出版社,2007 年,第四版。

蔣中正審定,馮倫意主稿,《戰爭原則釋義》,臺北:國防部,1959 年。

蔣緯國總編著,《國民革命軍戰史第三部:抗日禦侮》,第 8 卷,臺北:黎明文化事業股份有限公司,1978 年。

戴安瀾,《安瀾遺集》,近代中國史料叢刊第 90 輯第 898 冊,臺北:文海出版社,1973 年。

論文

張鑄勳,〈仁安羌大捷戰場巡禮:國軍 113 團揚譽國際的作戰〉,《中華戰略學刊》,102 年夏季刊（2013 年 6 月）,頁 265-325。

報紙與雜誌

《大公報》（重慶）,1942 年。

《世界日報》（洛杉磯）,1992 年。

《朝日新聞》（東京）,1942 年。

《徵信新聞報》（臺北）,1963 年。

索引

作者簡介（按章節順序）

張鑄勳

陸軍軍官學校畢業，國立臺灣大學國家發展研究所法學碩士。歷任師長、陸軍司令部作戰署長、陸軍步兵訓練指揮部指揮官兼步兵學校校長、花東防衛司令部司令、國防大學副校長兼戰爭學院院長、國立政治大學外交學系兼任副教授。主要研究領域為國防軍事、國際關係、抗日戰爭史，撰有〈美國國防部的重大組織沿革——高尼法案研析〉、〈從海權觀點看中共海洋戰略〉、〈析論蔣中正在中國抗日戰爭初期的戰略指導〉等論文。

王懷慶

陸軍軍官學校畢業，國立中央大學歷史研究所碩士。歷任射擊組長、連長、參謀主任、營長。現任國防大學陸軍指揮參謀學院教官、中華戰略學會研究員。主要研究領域為軍事戰略、抗日戰爭史，撰有〈八二三砲戰後白團對金門的視察報告——兼論島嶼反登陸作戰〉、〈盧溝橋事變八十週年——析論中國抗日戰爭的起始〉、〈1947 年國共孟良崮作戰研究〉等論文。

藤井元博

慶應義塾大學文學院博士課程修業完畢，防衛省防衛研究所戰史研究中心戰史研究室（防衛省防衛研究所戦史研究センター戦史研究室）主任研究官。主要研究領域為中國軍事史、政治外交史，撰有〈重慶国民政府軍事委員会の「南進」対応をめぐる一考察—「中越関係」案を手がかりに〉、〈重慶国民政府による広西省の統制強化と軍事機構—桂南会戦を中心に〉等論文。